U0947515

浙江
奇迹发生的地方

ZHEJIANG
QIJI FASHENG
DE DIFANG

王永昌◎著

浙江人民出版社

前言

浙江是中国革命红船的起航地，是中国改革开放的先行地，也是习近平新时代中国特色社会主义思想的重要萌发地。

浙江自古人杰地灵，是江南的鱼米之乡，是富饶之地、文物之邦，为中华民族的灿烂文明做出了重要贡献。改革开放40年来，浙江人民沐浴着阳光雨露，踏着滚滚钱江大浪，开启了一轮又一轮改革，创造了一个又一个奇迹。

中国自信、中国奇迹、中国力量，是通过各个地区、各行各业的发展实践来展现的。在推进中国特色社会主义伟大事业和改革开放的伟大实践中，浙江人民创造的辉煌业绩和积累的宝贵经验，是中国奇迹、中国智慧的一个鲜活样本。

我们认为，浙江改革开放实践中逐步积累起来的生动而鲜活的发展经验，主要有：坚定不移地走中国特色社会主义道路和推进改革开放实践，形成了“八八战略”[1]，走出了符合浙江实际的发展路子；弘扬以“首创、奋斗、奉献”为基本特质的“红船精神”，并在改革开放进程中形成了以“求真务实、诚信和谐、开放图强”为基本内容的“浙江精神”；坚持以改革创新为发展动力，敢为天下先，成为中国民营经济（浙商）和市场经济发展的先行地区；坚持以发展为第一要务，以开放带动发展，使资源小省逐步发展成为经济大省和强省（2017 年全省生产总值达到 51768 亿元）；坚持以“腾笼换鸟”“凤凰涅槃”“五水共治”“四换三名”“创新驱动”“特色小镇”等为载体，不断推进高质量发展和供给侧结构性改革；坚持以人民为中心和共享发展的根本目的，初步实现人民富裕（2017 年城乡居民收入分别达到 51261 元和 24956 元），高水平全面建成小康社会后高水平全面推进社会主义现代化建设；坚持统筹协调发展原则，以新型工业化、新型城市化为引领，不断提升城乡、区域、海陆一体化发展水平；坚持践行“绿水青山就是金山银山”理念，不断强化环境治理和

---

① “八八战略”是 2003 年 7 月习近平同志在浙江省委十一届四次全会上，代表省委总结浙江多年来的发展经验，首次系统提出的发挥浙江发展的“八个优势”，推进未来发展的“八项举措”：一是进一步发挥浙江的体制机制优势，大力推动以公有制为主体的多种所有制经济共同发展，不断完善社会主义市场经济体制。二是进一步发挥浙江的区位优势，主动接轨上海、积极参与长江三角洲地区合作与交流，不断提高对内对外开放水平。三是进一步发挥浙江的块状特色产业优势，加快先进制造业基地建设，走新型工业化道路。四是进一步发挥浙江的城乡协调发展优势，加快推进城乡一体化。五是进一步发挥浙江的生态优势，创建生态省，打造“绿色浙江”。六是进一步发挥浙江的山海资源优势，大力发展海洋经济，推动欠发达地区跨越式发展，努力使海洋经济和欠发达地区的发展成为我省经济新的增长点。七是进一步发挥浙江的环境优势，积极推进以“五大百亿”工程为主要内容的重点建设，切实加强法治建设、信用建设和机关效能建设。八是进一步发挥浙江的人文优势，积极推进科教兴省、人才强省，加快建设文化大省。充分发挥“八个优势”、深入实施“八项举措”，是一个相互联系、相互促进的有机整体，是推进浙江全面、协调、可持续发展的一条主线。

生态浙江建设，打造美丽浙江；坚持以改善民生、依法治理、文化熏陶为基本路径，积极营造法治浙江、平安浙江建设；坚持同党中央保持高度一致，自觉维护党的集中统一领导，全面推进从严治党，打造山清水秀的政治生态和绝对忠诚、干事担当、干净自律、充满活力的浙江干部队伍；等等。应该说，在上述这些方面，浙江都有自己创造性实践，有许多鲜活经验，在浙江大地上生动地展示出中国道路、中国制度的力量，是当代中国发展的鲜活浙江样本。

当然，浙江在肯定发展成就的同时，也应该看到自己的不足和短板，要虚心学习借鉴兄弟省市的发展经验，要看到未来发展的还有更高的目标和要求。中国发展进入了新时代，浙江唯有“秉持浙江精神，干在实处、走在前列、勇立潮头”，不断扬优补短，开拓进取，高水平推进发展新格局，才能继续发挥先行和示范作用，才能为中国发展、中国自信、中国力量提供更具魅力的浙江样本，为中国发展作出更多的贡献。

需要说明的是，本书收录的是笔者前些年到有关市县和特色小镇调研活动中的一些思考和讲话，其中多数是调研现场的讲话，也有经记录整理后成文的。因此，选取的案例虽说不能反映浙江发展实践的全貌，但它们也在相当程度上记录了浙江近几年来的历史进程。基于此，本书以《浙江：奇迹发生的地方》为名，以此表达笔者对这些地方发展实践的赞美，以此说明浙江发展的骄人成就，更是对美好未来的祝愿。

目　录

CONTENTS

第一篇　推进“大花园”行动计划　建设新时代美丽浙江 / 1

第二篇　从战略高度思考和推进浙江“大花园”建设 / 6

第三篇　加快推进“大花园”建设的若干决策建议 / 14

第四篇　积极推进“大花园”战略　衢州迎来发展大机遇 / 24

第五篇　建设美丽“大花园”　开创丽水新时代 / 39

第六篇　我国民间融资的一场立法大变革 / 51

第七篇　向着创造“世界奇迹”而奋进 / 59

第八篇　把绿水青山转化为金山银山 / 78

第九篇　浙江省特色小镇建设的成效、问题和建议 / 97

第十篇　小镇大梦想　创业大舞台 / 110

第十一篇 玉皇山里何以飞出金凤凰——走访杭州玉皇山南基金小镇 / 132

第十二篇 一匹飞上蓝天的骏马 / 146

第十三篇 青山湖畔云飞扬 / 154

第十四篇 互联网医疗带来了什么新变化 / 165

第十五篇 你们正在“巧妙”地创造甜蜜的事业 / 174

第十六篇 从毛衫小镇到时尚之都 / 184

第十七篇 走有特色的融合发展之路 / 196

第十八篇 特色是地理信息小镇发展的绝活 / 205

第十九篇 让乡村全面振兴　让生活充满阳光 / 211

第二十篇 关于把开化根雕艺术园打造成浙江“大花园”建设和文旅产业发展金名片的若干建议 / 216

后　　记 / 231

第一篇
推进“大花园”行动计划　建设新时代美丽浙江

新时代新使命新作为。为高水平全面建成小康社会和全面推进现代化建设，浙江省委、省政府作出了加快建设“大湾区”“大花园”“大通道”和“大都市区”的战略部署。在全省范围组织开展“大花园”建设行动计划，对浙江当前和未来长远发展，具有十分重大的意义。全省上下要统一思想认识，凝心聚力，扎扎实实地开展“大花园”建设。

一、“大花园”建设的深刻含义

这里讲的“大花园”，已大大超越了局部小区域的、公园景观化意义上的花园，而主要是指现代化浙江的普遍形态和浙江人民美好生活的普遍样式。换句话说，浙江的现代化发展和浙江人民的美好生活，必须是以“绿色生态”为基本发展底色、基本发展方式和基本发展目标的。我们的“大花园”建设，是追求和实现自然生态保护与经济社会发展、历史人文传承与现代文明创造、田园乡村建设与现代都市进步、物质生活富裕与文明素养提升的有机统一和协调互进的过程，是令生态、生产、生活共融共生的现代化的大美格局。所以，我们要建设的“大花园”，不只是花花草草的“大花园”，而是生态环境优美、绿色经济发达、人民生活富裕幸福、社会公平正义和谐的“大花园”。优美的自然生态景观只是“大花园”建设的一个方面，衢州、丽水等自然生态比较好的山区，只是“大花园”建设的重点地区。“大花园”作为浙江现代化建设的普遍形态和美好生活的普遍追求，是浸透到经济、政治、文化、社会、生态、生活等各个领域的，是全省各个地区各个行业和各族人民的共同追求、共同任务。

二、“大花园”建设的重大意义

在以习近平同志为核心的党中央坚强领导下，中国特色社会主义事业进入了波澜壮阔的新时代，开启了我国社会主义现代化建设新征程。党的十九大报告明确指出，我们要建设的现代化是人与自然和谐共生的现代化，既要创造更多物质财富和精神财富以满足人民日益增长的美好生活需要，也要提供更多优质生态产品以满足人民日益增长的优美生态环境需要。习近平同志在浙江工作期间，就创造性地提出并领导全省人民实施了“八八战略”，其中包括了“绿水青山就是金山银山”“美丽乡村”“生态浙江”等新理念。这些新思想新理念早已在浙江大地生根开花，结出了现代化建设的丰硕成果。进入新时代，作为习近平总书记“绿水青山就是金山银山”“美丽乡村”“生态文明”等思想的重要萌发地，浙江应努力奋进，争取成为全国生态文明建设、绿色发展和美丽中国的鲜活样板。浙江省第十四次党代会提出了浙江“两个高水平”的发展目标，强调要统筹推进富强浙江、法治浙江、文化浙江、平安浙江、美丽浙江、清廉浙江建设，使浙江的全面小康社会和现代化各项事业建设继续走在全国前列。当前，浙江发展水平总体上进入了工业化中后期阶段，经济正处于转变发展方式、优化经济结构、转换增长动力的攻关期，需要着力推动经济发展质量变革、效率变革、动力变革，提高全要素生产率，人民群众对生活质量和生态环境也提出了更高的要求。因此，组织开展“大花园”建设行动，是我们贯彻党的十九大精神，顺应现代化发展规律，加快美丽中国建设的必然要求，是进一步落实“八八战略”的重要举措，是继续走好“绿水青山就是金山银山”之路的有力抓手，是推进浙江转型发展、绿色发展、协调发展、高质量发展、共享发展的重要载体，是加快建设富强浙江、美丽浙江和满足人民追求美好生活需要的重要途径。

三、“大花园”建设的基本目标

《浙江省大花园建设行动计划》提出了多领域、多侧面的“大花园”建设的行动目标。首先是分两步走的发展战略目标，即到2022年建成浙江“全域大美格局”“现代版的富春山居图”，到2035年，“建成绿色美丽和谐幸福的现代化大花园”。其次是现阶段的“三地”建设目标：“全国领先的绿色发展高地”“全球知名的健康养生福地”“国际影响力的旅游目的地”。最后是创建工作的奋斗目标，就是要努力建设成为“美丽中国的鲜活样板”“全国践行‘两山’理念的示范区”“全国高质量发展的先行区”。目标是理想、是未来的现实。要实现上述战略目标、建设目标和工作目标，就必须采取得当的战术、方略和方法，架设起由此达彼的桥梁，才能顺利到达理想的彼岸。为此，“行动计划”明确，浙江省的“大花园”建设，要以绿色产业为基础，以创建“美丽”活动为载体，以交通建设为先导，以平台项目为支撑，以改革创新为驱动。这是“大花园”建设的基本格局和方略途径。

四、“大花园”建设的基本任务

明确了目标和方略后，还必须把它们更具体地化为阶段性的工作任务。“行动计划”明确，要在全省组织实施“八大工程”，即生态环境质量提升工程、全域旅游推进工程、绿色产业发展工程、基础设施提升工程和绿色发展机制创新工程等。在每个工程里，“行动计划”又分解为 4—10 个更为具体的任务，分别由省级相应职能部门组织实施，各地各部门再据此制订更加翔实更具操作性的行动计划，分解任务。为确保“大花园”建设顺利推进，省里还专门成立了“大花园”建设领导小组，出台了相关支持政策，建立了区域统筹协调机制，设计了创建载体，使大花园建设任务落到实处，务求取得实实在在的成效。

五、“大花园”建设的重点难点

“大花园”建设、美丽浙江建设的任务繁重复杂，但有轻重缓急，总有矛盾的主要方面。我们认为,“绿色发展、生态富民”是“大花园”建设的重点难点之所在。因为，发展是大道理、硬道理，是“大花园”

建设的根本任务；探索并走出一条生产生态生活相融共生的高质量、可持续的发展新路，是顺应时代发展潮流的必然抉择；“大花园”建设是要实现生态环境与经济社会、城乡区域、历史人文与现代生活等整个现代化建设事业的协调发展，实质上是发展方式的生态化，是要坚守浙江的蓝天白云、绿水青山的底色，并使之成为现代化浙江普遍的发展形态；“大花园”建设归根结底是为了实现人与自然的和谐共生，把绿水青山转化为“金山银山”，满足人民追求美好生活需要，造福浙江人民的子孙后代。再者，“绿色发展、生态富民”不但破题难，而且是常“破”常新的，是动态的常态化难题。因此，在“大花园”建设过程中，要善于抓住绿色产业、美丽经济、生态富民这个牛鼻子，在关键点、要害处求突破，以此带动全局。全省各地在探索发展美丽经济、绿色产业、生态旅游、健身养生、田园综合体、生态养殖业富民等方面，积累了许多好做法，值得认真总结提高，加以推广，形成破解“绿色发展、生态富民”难题的系统经验，真正走出“绿水青山就是金山银山”的发展路子，让世世代代浙江人民用自己的智慧和双手，共建共享“诗画浙江、美好生活”。

让我们共同携手去创造“大花园”的丰硕成果，使美丽富饶的浙江大地展现出更加妩媚动人的时代新画卷。

第二篇

从战略高度思考和推进浙江“大花园”建设

浙江省第十四次党代会郑重提出要谋划实施“大花园”建设行动，这是贯彻中央推进生态文明和“美丽中国”建设的重大战略举措，也是浙江省高水平谱写实现“两个一百年”奋斗目标的重大路径选择。

一、“大花园”建设是顺应人类文明发展的应势之举

通常意义上，所谓大花园，是指花草树木比较多、生态环境比较好的某个区域，如一个城市、一个公园或某个山林地带。浙江的“大花园”建设不是指花草树木多而美的一个小区域意义上的花园，而是一种泛化、大区域，或者更多指的是生态环境、生态文明意义上的“花园”。浙江大花园建设，就是要坚守蓝天白云、绿水青山的底色和底线，坚持绿色发展理念，转换发展方式，是新时代推进美丽浙江、诗画浙江、生态浙江、绿色浙江、现代文明浙江的载体、平台、抓手，对浙江经济转型和现代化建设具有深远影响。

众所周知，自从人类进入文明时代以来，先后经历了部落文明、

农耕文明，尔后是工业（工商）文明的时代。工业（商）文明虽然为人类创造了巨大的物质财富，极大地解放了生产力，但也正越来越显示出它的不可持续性，给全球带来了日益恶化的生态环境问题，甚至开始威胁人类自身的生存和发展。

问题是时代发展的导向。近几十年来，建立在工商文明、城市文明基础上又附加了现代金融（金融文明）、现代科技（知识文明）和绿色生态（生态文明）的复合发展文明新形态，正成为当今人类占主导地位的发展方式，而绿色生态是其中的最难实现的关键之处，也是新近崛起的发展方向，已越来越成为全球的普遍呼声和时代发展潮流。

作为当代人类发展的一个潮流，需要人类去破解的生态治理、绿色发展的困境很多。发达国家并没有提供切实可行的发展路径和完整方案。习近平总书记提出的“两山”理念、“美丽中国”、生态文明、新发展理念等战略思想、“四个全面”的战略部署和“五位一体”的战略任务，可以说是破解人类发展难题的中国智慧、中国答案。中国作为后起的发展中国家，有近 14 亿人口的大国，走中国特色社会主义道路的新型国家，开创出经济、政治、文化、社会、生态以及城乡、区域、国内外统筹协调、可持续发展的现代化新路，对中华民族文明发展和整个人类文明发展，都将具有划时代的意义。

浙江作为习近平总书记“绿水青山就是金山银山”“美丽乡村”“生态文明”等思想的萌发地，作为走在中国改革开放前列的排头兵和勇立时代潮头的先锋队，已经并将继续为破解人类生态发展难题、深化“美丽中国”建设作出富有成效的积极探索，为中国智慧、中国方案提供更鲜活的浙江实践、浙江样本。浙江的“大花园”建设，就是在这样的时代背景和时代要求下所提出并实施的一个发展大战略、大举措。

二、"大花园"建设是贯彻"八八战略"的务实之策

"八八战略"是习近平总书记在浙江工作时谋篇布局的大手笔、开篇破题的大文章，是引领浙江发展的总纲领、总方略。"大花园"建设的提出，是根据新时代发展要求的变化，紧紧扣住"八八战略"中的城乡协调发展优势、生态优势、山海资源优势所作出的重大部署，是浙江省进入新的发展阶段对"八八战略"的细化、具体化。

1."大花园"建设就是要进一步发挥生态优势，探索走全域绿色发展之路。"大花园"建设行动实际上是在新的历史条件下深入贯彻"八八战略"和"两山"理念的一个新的重大部署，是要在更广领域、更深层面、更高水平去续写"美丽浙江"的新篇章，从而为"美丽中国"创造更丰富鲜活的浙江样本。

"大花园"是现代化浙江的发展形态和底色。浙江打造"大花园"，就是要以衢州、丽水为核心区，加快打造诗画浙江的鲜活样板。要围绕此行动建设全国领先的绿色发展高地、全球知名的健康养生福地、有国际影响力的旅游目的地。根据2018年《浙江省政府工作报告》，"大花园"将成为现代化浙江的普遍形态。要按照全域景区化的目标要求，加快建设美丽乡村、美丽田园、美丽河湖、美丽城市、国家公园，力争到2022年全省有1万个行政村、1000个小城镇、100个县城和城区成为A级景区。因此，这个"大花园"是广义的，

是发展意义上的，是全省域的绿色发展，也是绿色发展的全域化，这无疑将是具有开创性意义的。

2.“大花园”建设是要进一步发挥城乡协调优势，坚持走城乡一体化之路。浙江空间区域发展的特点，可以概括为“三个浙江”：第一个是以平原和城市群为主的“都市浙江”；第二个是以港湾区、海岛为主的“海上浙江”；第三个是以山区为主的“山上浙江”。工业化和城市化发展的历史进程，首先是“都市浙江”得到了快速发展，接着是“海上浙江”或者说“湾区经济”得到了较快发展。浙江进入新的发展阶段，终使“山上浙江”走到了时代发展的“风口”上，而且也不只是原来意义上的“山上浙江”，是升华为与海上和都市浙江媲美的花园浙江、诗画浙江。“大花园”建设，标志着浙江进入了覆盖全省城乡的空间拓展和升华的一体化发展新阶段。“大花园”建设行动必将重整城乡结构，极大地推动浙江城乡一体化的进程。

3.“大花园”建设就是要进一步发挥山海资源优势，加速走区域协调之路。过去，人们通常把丽水、衢州等地看作是浙江贫困、落后、不发达的地区。实施“大花园”战略行动，无疑意味着丽水、衢州等地已不再被简单视为“欠发达地区”，山区也不再是劣势，更不是浙江未来发展的包袱，而是浙江乃至长三角的发展新优势，发展新潜力，发展新亮点；不再被看作是发展的后方、发展的“二线”、发展的缓冲地，而同样是发展的主战场、发展的“一线”。这一发展理念、思路的重大转变，将对丽水、衢州等地和整个浙江的未来发展，产生广泛而深刻的影响。随着“大花园”理念的确立和战略行动的推进，一些基础设施、绿色产业、生态休闲、旅游节会、金融、资金、政府公共服务等发展资源和要素会带来新的整合，也会更多地向丽水、衢州等地倾斜，并将给浙江欠发达地区千载难逢、百年一遇的历史性发展大机遇，为这些地区的生态环境保护和美化优化，绿色发展，承接浙江、长三角各种发展要素提供重大机遇，也将为欠发达地区跨越发展孕育新经济增长点。

三、推进“大花园”建设需突出“六个引领”

“大花园”建设是一个长期的奋斗目标和任务，需要持之以恒、久久为功，必须从思想认识、规划统筹、平台载体、文化品牌、资金支持以及模式塑造等方面形成系统性的任务体系。

（一）突出理念引领

把坚持习近平总书记“两山”理念、“四个先行”的重要思想摆在突出位置。在浙江工作期间，习近平总书记曾反复指出“绿水青山就是金山银山”。与此同时，他还反复强调，原来欠发达、自然生态又比较好的地区，要加快全面小康社会步伐，实现经济赶超发展，就必须立足长远、统筹全局，努力做到“四个先行”。一是基础设施先行。二是教育培训先行。三是“内聚外迁”先行。人口资源“天女散花”，产业布局“星星点灯”，就形不成规模经济和集聚效应，就不可能赶超跨越、后来居上。人口、产业等发展要素都要尽可能聚集。四是生态经济先行。生态好的地区、欠发达地区也要发展。但发展什么？怎么发展？却大有讲究。照搬平原、沿海地区的发展路子，工业竞争力还没等搞起来，得天独厚的生态环境优势反而被糟蹋掉了。所以，要因地制宜，走生态经济先行的路子。这“四个先行”涉及欠发达地区实现赶超发展的理念、思路、路径、重点和方法等一系列基本问题，是生态文明建设世界观和方法论的高度统一，具有极为重要的指导意义，是欠发达地区的“赶超发展观”。

（二）突出规划引领

省级层面要加快统筹谋划省域“大花园”建设规划，包括生态保护与发展、基础设施、旅游产业等规划，尤其要有省域各地“大花园”“大景区”的串珠成圈规划，使各地“大花园”建设分工合作、各具特色、相映生辉。“大花园”核心区的丽水、衢州等地应根据省级规划和要求，在已有规划的基础上，提格升标，制定并实施更高标准、更广覆盖、更严举措、更大力度、更切实可行的生态保护、绿色发展规划和“大花园”建设规划，并照着这些规划蓝图持之以恒地坚持下去，一届接着一届干。

（三）突出平台引领

大花园的重点是乡镇和农村，难点也是乡镇和农村。在大花园建设的区域内，乡镇应是大花园中的“景”和“点”，或者花园网络里的纽结。由于“大花园”区域内的农村大多属于山区、欠发达地区，自然村落小而散、产业单一、农民增收难度大，美丽乡村、乡村振兴更应从实际出发，尤其要继续做好“内聚外迁”和提升城镇化工作。要把“大花园”建设与乡村振兴战略实施，贯彻落实新发展新理念，探索以田园综合体建设为抓手，把生态、农业、旅游、文化、工商资本相融合，为解决城乡统筹、农村产业发展等“三农”问题搭建了一个新的平台和通道，在传统家庭农场、合作社等之外拓宽创新发展形态。

（四）突出富民引领

没有生产力的大花园是落后原始的，“大花园”建设的重要任务就是要依靠生态优势，走出一条有鲜明特色的生态经济富民发展的新路。“大花园”建设的首要任务是生态保护，但保护不是被动的、静态的、消极的、无为的保护，而应该是发展的，能富民、惠民的。为此，必须精心谋划并大力发展生态农业、生态工业、生态型现代服务业。欠发达地区尤其要做好生态精品农业，主打若干主导性生态农业产品，全力发展生态旅游等绿色产业。这是绿水青山与“金山银山”的最佳结合之处。要大力挖掘地方生态特色文化，把自然生态与历史文化很好地结合起来，以收到相映生辉之效。

（五）突出文化引领

每个地方都有自己的自然、历史、文化方面的特点。地区品牌是一个地方的特色、优势、个性的集中化展现。“大花园”不应是千篇一律的自然风光，而应主打一两个富有鲜明特色的文化大品牌。打造一个地方的品牌，必须找准定位，有所取舍，多中选少，优中选异，主打一个既符合当地特点，又能吸引人，尤其能把当地的发展资源和未来发展走向结合起来的品牌，然后集中力量，长期宣传推广，从而产生持续而广泛的发展效应。要将浙江的诗画江南特色、唐诗之路古韵、名山名湖景区，串珠成链，形成亮丽风景线，打造精品旅游线路，集中力量打造一批生态环境优良、山水风光秀美、江南韵味十足、地域文化浓郁、能让人流连忘返的旅游景区景点或旅游小镇，努力成为有国际影响力的旅游目的地。

（六）突出资本引领

一切经济活动都离不开金融资本资源。要积极探索“生态资本化”“生态金融化”经营，把绿水青山的生态优势转化为“金山银山”的发展优势。例如，丽水等地应把深化全国农村金融改革试点、深化全国扶贫改革试验区建设、深化全国生态文明建设试点、创建浙江绿色发展综合改革创新区等“体制创新要素”，统筹谋划，整合实施。“大花园”建设中尤其要注意发挥绿色金融的巨大的杠杆作用。比如，通过生态资源资产化改革，使生态资源成为可以量化的资本；对排污权进行有偿使用与交易，建立碳减排交易机制等；产权、使用权、经营权、土地承包经营权、宅基地使用权、集体收益分配权等以及旅游资源、文化资源、水资源、空气资源等的资本运作等。

第三篇 加快推进“大花园”建设的若干决策建议

“美丽中国”是我国社会主义现代化强国的重要目标。我们要实现的社会主义现代化，是“富强民主文明和谐美丽的社会主义现代化强国”。浙江省第十四次党代会郑重作出要谋划实施“大花园”建设行动，支持衢州、丽水等生态功能区加快实现绿色崛起，把生态经济培育成为发展的新引擎。这是贯彻中央推进生态文明和“美丽中国”建设的重大战略举措，也是浙江省高水平谱写实现“两个一百年”奋斗目标的重大路径选择。

从人类生产方式和经济发展的文明形态角度看，“大花园”战略可以说是破解人类生态发展难题的中国智慧。从全球看，建立在工商文明、城市文明基础上又附加了现代金融（金融文明）、现代科技（知识文明）和绿色生态（生态文明）的复合发展文明新形态，正成为当今人类占主导地位的发展方式。但发达国家并没有提供切实可行的发展路径和完整方案。习近平总书记提出的“绿水青山就是金山银山”的“两山”理念、“美丽中国”、生态文明、新发展理念等战略思想、“四个全面”的战略部署和“五位一体”的战略任务，可以说是破解人类发展难题的中国智慧、中国答案。

浙江作为习近平总书记“绿水青山就是金山银山”“美丽乡村”“生态文明”等思想的萌发地，作为走在中国改革开放前列的排头兵和勇立时代潮头的先锋队，已经并将继续为破解人类生态发展难题、深化“美丽中国”建设作出富有成效的积极探索，为中国智慧、中国方案提供更鲜活的浙江实践、浙江样本。浙江的诗画江南、“大花园”建设行动，就是在这样的时代背景和时代要求下所提出并实施的一个发展大战略、大举措。

毫无疑问，浙江应在原有发展的基础上去高水平地建设“美丽浙江”，从而为建设“美丽中国”进行新的探索、积累新的样本、作出新的贡献。

前一阶段，浙江省建设美丽“大花园”的战略行动决策已经部署，方向目标已经明确，各地也出台了许多政策和办法，但“大花园”建设毕竟是一个长期的奋斗目标和任务，需要持之以恒、久久为功。这里，我们就积极健康地加快推进“大花园”建设提出以下几条建议：

一、深入学习贯彻习近平“绿水青山就是金山银山”和“四个先行”的重要思想

习近平总书记的“绿水青山就是金山银山”“美丽中国”的生态文明思想，是习近平新时代中国特色社会主义思想的重要组成部分，是长期指导我国生态文明建设的基本方略，也是推进浙江“大花园”建设的行动指南。

在浙江工作期间，习近平总书记曾反复指出：“绿水青山是金山银山”，欠发达地区是浙江经济发展的“新增长点”。与此同时，他

还反复强调，像丽水这些原来欠发达、自然生态又比较好的地区，要加快全面小康社会步伐，实现经济赶超发展，就必须立足长远、统筹全局，努力做到“四个先行”。

习近平总书记的这“四个先行”，处处体现了“绿水青山就是金山银山”的理念，体现了保护生态和绿色发展的有机统一，更是体现了生态条件好的欠发达地区如何赶超发展的基本路径。

基础设施先行是告诉我们生态条件好的欠发达地区要实现赶超发展，必须创造相应的客观基础，要有一定的物质条件，没有良好的基础设施就很难让青山绿水转化为“金山银山”；而教育先行是告诉我们生态条件好的欠发达地区要实现赶超发展，必须塑造相应的主体即人的条件，改变落后的观念，提高人的素质和能力，这是关键要害所在，也是事关根本性的长久之计，更是体现了以人民为中心的发展思想；创造了客观条件和主体人的条件的同时，生态条件好的欠发达地区要实现赶超发展，还必须要有战略性思路和举措，即必须坚持“内聚外迁”先行和生态经济先行，前者在城乡、产业园区的空间结构布局上解决各类要素的集约化发展路径问题，后者则是侧重从经济、产业结构角度更集中也更具体地阐明了发展路径的战略性选择问题。

“四个先行”涉及欠发达地区实现赶超发展的理念、思路、路径、重点和方法等一系列基本问题，是生态文明建设世界观和方法论的高度统一，具有极为重要的指导意义。我们认为，“四个先行”从综合统筹角度，可以理解为“四位一体”的欠发达地区的“赶超发展观”。

二、省市要制定严密可行的“大花园”建设规划

浙江省第十四次党代会作出了谋划实施“大花园”建设行动，支持丽水、衢州等生态功能区加快实现绿色崛起，把生态经济培育成为发展的新引擎，并批准实施创建浙江（丽水）绿色发展综合改革创新区。这不仅提出了更高的要求和目标，而且是发展理念、思路和战略引领上的一场意义更宏大深远的新变革。为此，省级层面要统筹谋划省域“大花园”建设规划，包括生态保护与发展、基础设施、旅游产业等规划，尤其要有省域各地“大花园”“大景区”的串珠成圈规划，使各地“大花园”建设分工合作、各具特色、相映生辉。丽水、衢州等地应根据省级规划和要求，在已有规划的基础上，提格升标，制定并实施更高标准、更广覆盖、更严举措、更大力度、更切实可行的生态保护、绿色发展规划和“大花园”建设规划，并照着这些规划蓝图持之以恒地坚持下去，一届一届地实施下去，使这个千载难逢的历史性机遇，真正成为造福子孙后代的良机。

三、乡村振兴战略、田园综合体建设与“大花园”建设应统筹实施

党的十九大提出要实施乡村振兴战略。我国农村将迎来新时代的新的发展机遇，各地都将出台新的振兴举措。浙江按照中央的部署和正在实施的美丽乡村计划，应把“大花园”建设行动与乡村振兴、美丽乡村建设有机结合起来，统筹规划和部署，头绪、载体、说法

不宜过多。在“大花园”建设的区域内，乡镇应是“大花园”中的“景”和“点”，或者花园网络里的纽结。由于“大花园”区域内的农村大多属于山区、欠发达地区，自然村落小而散、产业单一、农民增收难度大，美丽乡村、乡村振兴更应从实际出发，尤其要继续做好“内聚外迁”和提升城镇化工作。

值得关注的是，近年来各地根据中央有关部门的倡导，农村的田园综合体建设迅速推进，成为一道颇具前景的新业态。这些田园综合体把生态、农业、旅游、文化、工商资本相融合，在很大程度上体现了新发展新理念，对解决城乡统筹、农村产业发展等“三农”问题提供了一个新的平台和通道，有可能会引发农村的深层次变革，也有可能是超越传统家庭农场、合作社的另一类新形态。这是我们在推进大花园建设、乡村振兴计划和美丽乡村建设中应予高度重视的。

四、要更深刻地把握当地生态优劣势的实情

良好的生态环境是丽水、衢州等欠发达地区的最大优势和财富。丽水是华东地区生态保存最完好的宝地之一，被誉为“浙江绿谷”或“华东绿谷”。生态环境质量居浙江第一，也处于全国前列，生态环境质量公众满意度长期位居浙江首位。丽水市还有“浙南林海”之称，森林覆盖率 80% 以上，林木绿化率达 81.62%。

丽水、衢州等地生态环境优势突出，尤其绿化、空气、水资源方面最佳。但是，离人们心目中的美丽“大花园”和我们要建设的“大花园”还有较大差距。在自然条件允许的前提下，我们不但要林木

绿化率高，而且要林木种类多而优；我们既要有好看的林木，又要能为群众致富产生效益的林木；我们不但要有草有木，而且要有好看的花。要种树，更要多种各种花。“大花园”不能没有花，也不能花太少。否则，就谈不上什么“大花园”了。

显然，丽水、衢州等地的生态是有优势也有劣势的。比如，奇峰怪石、奇花异草、奇树异果等可看性、观赏性、经济性的生态亮点并不很多。因此，我们要思考和回答的一个问题是：当地生态优势的真正特色和亮点是什么？或者说很能吸引人、打动人的“绝活”是什么？在哪里？能不能借“大花园”建设之机培育出若干个新亮点、新绝招？

这是各地在建设“大花园”中，必须坦然面对、值得深思的战略性课题。

五、着力走出一条有鲜明特色的生态经济发展新路

作为一个生活着数百万人的城市来说，生态保护不是被动的、静态的、消极的、无为的保护，而是在保护的基础上发展的、富民的、惠民的。这就有一个产业、经济和社会的发展问题，也就是绿色发展或者说生态经济的发展问题，或者可以说是如何把生态保护与生态（经济）发展有机融合的问题。这是问题的关键所在，也是问题的难点所在。“绿水青山就是金山银山”，要领在于如何把绿水青山的生态环境资源源源不断地转化为实实在在的“金山银山”效益。

为此，就必须精心谋划并大力发展生态农业、生态工业、生态型现代服务业。欠发达山区尤其要做好生态精品农业，主打若干生态农业产品，全力发展生态旅游等绿色产业。这是绿水青山与金山银山的最佳结合之处。也许像丽水这样的地方应把发展生态旅游业作为第一的战略性支柱产业来培育。当然，丽水还要大力发展生态特色文化，如丽水的石、瓷、剑文化，畲族文化，《牡丹亭》文化等，都是很有历史底蕴和知名度的。要在发展生态旅游过程中把自然生态与历史文化很好地结合起来，以达到相映生辉之效。

走出具有当地鲜明特色的生态经济发展新路子，其破题之作、主题之作，可能就是生态旅游业（包括以旅游业为导向的生态农业、工业）的发展。但丽水、衢州等地要形成能辐射浙江、长三角的生态旅游优势和亮点，尚需花大功夫才行，至于要成为全国乃至全球重要的生态旅游目的地城市，目前只能作为长远的奋斗目标。

六、应主打一两个富有鲜明特色的品牌

每个地方都有自己的自然、历史、文化方面的特点。地区品牌是一个地方的特色、优势、个性的集中化展现。但是，一个地方通常有许多特点，都值得称道。打造一个地方的品牌，必须找准定位，有所取舍，多中选少，优中选异，主打一个既符合当地特点，又能吸引人，尤其能把当地的发展资源和未来发展走向结合起来的品牌，然后集中力量，长期宣传推广这个品牌。这样才能打响品牌、打好品牌，从而产生持续而广泛的发展效应。

比如，丽水市一直力求打“秀山丽水·养生福地·长寿之乡”

的品牌。应该说这是有一定依据的，也是有一定地方特色的。但问题是，“养生福地·长寿之乡”如何能真正吸引多少人来丽水养生？丽水养生的优势有多少？如果就目前条件讲，丽水真正能吸引全省、华东地区、全国和境外的客人来养生的“绝活”，恐怕并不很多，即便来旅游的人也很有限。

由此看来，一方面丽水的发展特色、优势还有待培育，另一方面丽水主打的品牌也有待进一步提炼。

七、可以多开展一些有特色的节会活动

考虑到丽水、衢州等地还未形成知名度、公认度很高的有特色的主打品牌的状况，我们认为，在当前和今后一个时期可以弥补的办法，就是在不同的季节、不同的县市、不同的行业多举行一些各具特色的节会活动，通过此类活动载体吸引更多的人到当地来，以期积小胜为大胜。比如，丽水市建设画乡创作基地，举办国际摄影文化节、国际轮滑公开赛等文体活动，就是很好的活动载体。这样既可以扩大丽水的知名度，又可以为主打产业、主打优势、主打品牌创造条件，久久为功，以达到“涓涓细流汇江河”之目的。

八、积极探索“生态资本化”“生态金融化”经营

丽水等地应把深化全国农村金融改革试点、深化全国扶贫改革试验区建设、深化全国生态文明建设试点、创建浙江绿色发展综合

改革创新区等“体制创新要素”统筹谋划，整合实施。尤其要注意发挥绿色金融的巨大的杠杆作用。

大家知道，一切经济活动都离不开金融资本资源。我们要想办法把死的资源或者说潜在的资源转化为资本，把死的东西转化为活的、能流动的东西。这关键性的工具（途径）就是金融。如何把土地、房产、资源、资产、所有权、财产权、股权、经营权、使用权、抵押权、收益权转化为金融资本，转化为可以流动经营的财富？这又是一篇大文章。

从金融资本的理念来看，凡有市场需求、具有稀缺性、未来有价值（价格）又有不确定性的东西，都可以转化为资本、金融产品去运作。比如说，我们可以通过生态资源资产化改革，使生态资源成为可以量化的资本，有的可以转让或有偿使用；再比如，我们可以对排污权进行有偿使用与交易，建立碳减排交易机制等。产权、使用权、经营权、土地承包经营权、宅基地使用权、集体收益分配权等，都是可以资本化的。旅游资源、文化资源、水资源、空气资源等，也是可以转化为资产和资本的。但这一切必须有金融理念和金融工具才能实现。

据报道，2012 年底，丽水遂昌高坪乡的一场“好空气”拍卖会成了一个亮点，吸引了数百名来自上海、杭州等地的旅游采购商，他们抢购的是当地的风景、美食和农家乐服务，最后以底价的 3 倍多成交。自此，当地的避暑床位成了一床难求的市场资本。这是运用金融理念（空气有价）、金融工具（拍卖）将生态资源转化为现实资本的一个成功案例。

九、集中力量打造一两个江南经典的休闲旅游小镇

我们认为，丽水、衢州等地要发挥生态优势、做足做好绿色发展的文章，让绿水青山真正产生“金银效益”，最理想的战略选择是加快发展有鲜明特色的生态旅游业，或者说在“大花园”里打造生态旅游新优势，着力围绕如何让更多的人（旅客）到当地旅游这个问题来破题。为此，我们建议除了加快改善基础设施等条件外，当前比较现实的抓手是，集中力量打造若干个生态环境优良、山水风光秀美、江南风味十足、地域文化浓郁、能让人流连忘返的旅游景区景点或旅游小镇。当然，也包括有特色的田园综合体。

要打造这样的旅游景区景点或旅游小镇，需要旅游专家们精心调研谋划，也需要有大智慧、大手笔和大举措来推进。现在，小打小闹、零星低档的东西不少，“有景点无奇峰”（类似于文学上的“有高原无高峰”）的状况，应乘着“大花园”建设的美丽春风，来一个较大的转变。

第四篇

积极推进“大花园”战略　衢州迎来发展大机遇

生态文明、“美丽中国”是我国社会主义现代化强国的重要目标。浙江省作出要谋划并实施“大花园”建设行动，支持衢州等生态功能区加快实现绿色崛起，把生态经济培育成为发展的新引擎。这是贯彻中央推进生态文明和“美丽中国”建设的重大战略举措，也是浙江省高水平谱写实现“两个一百年”奋斗目标的重大路径选择。

一、“大花园”战略的提出背景

浙江地理特点以山脉居多，江河湖泊水系发达，山林繁盛，植被厚密，烟雨蒙蒙，风光旖旎，具有诗画江南的天然佳境。长期以来，浙江人民特别重视保护绿水青山，致力于美丽乡村、美丽家园建设。因此，浙江适时开展“大花园”建设行动是有良好基础的。

但是，要从战略的层面更系统全面地提出并实施“大花园”建设行动，却离不开决策者的超前思维、先进理念以及对事物发展走向的战略洞悉，还必须具有坚定的信心和执着的毅力。

我们知道，“大花园”战略是袁家军省长在衢州等地调研中提出并转化为省委、省政府的决策的。袁家军省长有着长期从事航天航空工作的经历，具有超级的宏观思维，比如，站在宇宙（星空）看地球、看浙江的战略视野。从卫星图像上看，浙江的杭州湾一带就是个大湾区，除海陆相连带外，其他多数地方就是山林湖泊的大花园，而衢州、丽水则是这个大花园的主核区。

2017 年 5 月 17 日，袁家军省长听取衢州市领导关于要建设杭衢高铁汇报时，首先提出了“大花园”概念。他指出，“衢州整体发展要有新的考虑”，“要打造一个杭州、上海乃至长江三角洲的大花园、后花园”。

2017 年 5 月 26 日，袁家军省长到衢州调研，对衢州建设“大花园”进一步明确了任务，要求衢州在全省率先创建“大花园”，率先实现绿水青山变“金山银山”。

2017 年 6 月召开的浙江省第十四次党代会，作出了“培育新引擎，建设大花园”的发展战略，为衢州、丽水等地发展带来了新的重大机遇。

随后，省级有关部门和各市都开展了“大花园”建设的调查研究，制订了建设行动计划，在浙江大地上拉开了“大花园”建设的历史性序幕。

一个百花竞放的美丽“大花园”，正向浙江人们阔步而来！

二、“大花园”战略的基本内涵和特点

花园通常指花草树木比较多、生态环境比较好的某个区域。有时可以涵盖一个城市、一个公园或某个山林地带。平时讲的大花园，

一般是指范围空间比较广大的自然生态风光比较优美的区域。

世界上也有“花园之国”，如瑞士就有“世界花园”之称。瑞士有700多万人口，每年旅客有1000多万。所以，世界上有些生态环境好、面积小的国家，是可以称花园国家的，或者说是完全有可能建成花园国家的。但中国区域那么大，不要说一个国家，就是一个省也很难建成严格意义上的花园。

因此，浙江的“大花园”建设既指自然生态优美意义上的花园，又包含着更丰富更广泛的意义。甚至主要不是指花草树木多而美的一个小区域意义上的花园，而首先是一种泛化、大区域或者更多指的是生态环境、生态文明意义上的花园。

第一，浙江这个“大花园”，要坚守蓝天白云、绿水青山的底色和底线。这是自然生态意义上的。

第二，浙江这个“大花园”，是一种新的发展理念，是一种发展方式和发展境界。经济社会发展方式要体现生态化、绿色化。这是浙江“大花园”的本质要求。

第三，浙江这个“大花园”，是落实习近平总书记“绿水青山就是金山银山”思想的重大的建设实践活动，也是推进美丽浙江、诗画浙江、生态浙江、绿色浙江、现代文明浙江的载体、平台和抓手。这是“大花园”建设的政治意义和工作方法特点。

第四，浙江这个“大花园”，就其涵盖面是全省域的，是很广泛的，但就其空间形态，又是以“国家公园—美丽城市—美丽乡村—美丽田园”为由大到小的结构，并明确以衢州、丽水为核心区域空间。袁家军省长在2018年1月的政府工作报告中指出：“要按照全域景区化的目标要求，加快建设美丽乡村、美丽田园、美丽河湖、美丽城市、国家公园，力争到2022年全省有1万个行政村、1000个小城镇、100个县城和城区成为A级景区。”这是“大花园”建设全省域与点线面空间布局的特点。

第五，2018年3月27日，袁家军省长在政府专题研究富民强省行动计划会议上指出，要推行“典型创建＋平台建设＋综合集成”创建模式，打造花园城市、花园农村，形成“一户一处景、一村一幅画、一镇一天地、一城一风光”。这样，“大花园”建设人人都是主体，这个花园是自然生态与历史人文、生产发展与生活居住相统一的。

第六，袁家军省长在政府工作报告中指出，“大花园”是现代化浙江的普遍形态。2018年3月27日，袁家军省长在政府专题研究富民强省行动计划会议上又指出，花园是现代化浙江的底色。要以衢州、丽水为核心区，加快打造诗画浙江的鲜活样板。要围绕建设全国领先的绿色发展高地、全球知名的健康养生福地、有国际影响力的旅游目的地，大手笔运作，设计特色旅游精品路线，把散落在各地的景点串珠成链，形成亮丽的风景线。这个“大花园”是浙江现代化建设的普遍特质和要求，或者说是现代化浙江的普遍而基本的形态，不建成“大花园”，浙江不能说建成了、实现了现代化。

因此，这个“大花园”是广义的，带有全省发展全面绿色化、景观化的特点，这无疑将是具有开创性意义的。

这实际上也是美丽中国的浙江样板！

三、“大花园”建设的重大意义

新的时代新的使命。习近平总书记指出，中国特色社会主义已经进入了新的发展阶段，我们要牢牢把握我国发展的阶段性新特征，提出新的思路、新的战略、新的举措。党的十九大报告明确宣告“经过长期努力，中国特色社会主义进入了新时代”。在我国由站起来走向富起来、强起来的新的历史进程中，生态文明、“美丽中国”是这个新时代的必然要求、重要标志，是我国实现“两个一百年”现代化强国奋斗目标的题中之义。

毫无疑问，浙江省应在原有发展的基础上去高水平地建设“美丽浙江”，从而为建设“美丽中国”进行新的探索、积累新的样本、做出新的贡献。建设美丽“大花园”，培育发展新引擎，是浙江省进入新的发展阶段的一个重大战略部署，具有深远的理论和实践意义。

第一，“大花园”战略是深入贯彻习近平总书记“八八战略”的重大举措，是全面深化“两山”理念的“升级版”。习近平总书记在浙江工作期间，提出了许多符合浙江实际又具有全国普遍意义的新理念新思想新战略，“八八战略”、“两山”理念、“生态浙江”等就是其中最为重要的内容。10 多年来，浙江省深入实施“八八战略”和“两山”理念，在浙江大地上结出了丰硕成果，彰显出其强大的理论价值和实践力量。浙江省第十四次党代会明确提出，要继续坚定不移地沿着“八八战略”指引的路子走下去，统筹推进富强浙江、法治浙江、文化浙江、平安浙江、美丽浙江、清廉浙江建设，在实践导向上进一步突出改革强省、创新强省、开放强省、人才强省，以形成引领新时代未来发展的新优势。

显然，“大花园”建设行动作为“六个浙江”“四个强省”中非常重要的一个大举措，是在新的历史条件下深入贯彻“八八战略”、“两山”理念的一个新的重大部署，是在更广领域、更深层面、更高水平续写“美丽浙江”的新篇章，从而为“美丽中国”创造更丰富鲜活的浙江样本。

第二，“大花园”战略是浙江发展优势理念的一个新升华。过去，人们通常把丽水、衢州等地看作是浙江贫困、落后、不发达的地区，后来，人们观念有了进步，认为是欠发达、后发达、有潜力的“山上浙江”。

现在，省委、省政府明确提出并实施“大花园”战略行动，意味着丽水、衢州等地已不再被简单视为欠发达地区，山区也不再是劣势，更不是浙江未来发展的包袱，而是浙江乃至长三角的发展新优势，发展新潜力，发展新亮点；不再被看作是发展的后方、发展的“二线”、发展的缓冲地，而同样是发展的主战场、发展的“一线”。

这也同时意味着，随着经济社会和人们需求结构的变化，各地的发展资源、发展优势是动态的、可变的。进入发展的新时代和新阶段，浙江的发展资源、发展优势发生了新的变化。各地发展资源、发展条件变得更为同时态和平面化，原来被认为的劣势可以更多地转化为优势，潜在的优势可以转化为现实的优势。为此，就需要我们及时顺应发展趋势，调整发展思路，采取新的发展举措。

这一发展理念、思路的重大转变，将对丽水、衢州等地和整个浙江的未来发展，产生广泛而深刻的影响。

第三，“大花园”行动是浙江区域空间发展战略的大提升。浙江空间区域发展的特点，可以概括为“三个浙江”：第一个是以平原和城市群为主的“都市浙江”；第二个是以港湾区、海岛为主的“海上浙江”；第三个则是以山区为主的“山上浙江”。工业化和城市化发展的历史进程，首先是“都市浙江”得到了快速发展，接着是“海上浙江”或者说“湾区经济”得到了较快发展。

浙江进入新的发展阶段，终于使“山上浙江”走到了时代发展的“风口”上，而且也不只是原来意义上的“山上浙江”，是升华为花园浙江、诗画浙江了。“大花园”建设，也可以说是建设花园浙江、美丽浙江，是全省区域性甚至是长三角区域性的空间拓展和升华。

显然，这是浙江空间区域发展战略的一次大深化、大提升，是浙江发展进入新阶段的必然要求和趋势。“大花园”作为三足鼎立的空间区域发展战略中的重要一极，将会极大地推动浙江区域的协调发展和美丽浙江建设。

第四，“大花园”战略是衢州千载难逢的历史性发展大机遇。衢州等欠发达地区的最大优势在生态，最根本的出路也是生态。“大花园”行动将是引领欠发达地区未来发展的大风口。

首先，“大花园”战略是衢州生态环境保护和美化优化的大机遇。生态环境好是衢州等欠发达地区的底色和优势。这是大自然的造化，也是工业等经济后发的结果。当然，也有过去重视生态保护的功劳。实施“大花园”战略行动，对保护、治理生态环境可以形成更广泛的共识，出台更高水准的保护标准，采取更大力度的保护举措。当然，我们也要认识到，单纯消极的静态保护是不够的。保护是基础和前提，我们还要在保护的基础上美化优化环境。比如，光多种树不够，还要种好的树；光多栽花也不够，还要栽好的花。此外，应做到自然生态与历史人文相融合。只有这样，才能建成真正吸引人的“大花园”。

其次，“大花园”战略是发展绿色产业，让生态“金饭碗”产生“金效益”的大机遇。从宏观意义上讲，绿水青山是“金山银山”，甚或可以说是人类的生命生存的基本保障，即绿水青山是“生命生存”。但从现实和一个地区来说，绿水青山是“金山银山”就有一个转化问题。这就必须探索如何解决绿色发展的问题，把生态环境转化为绿色发展的资源。不解决好这个问题，绿水青山就只是一个空的“金饭碗”，两手端着“金饭碗”也只能讨饭吃。“金饭碗”要产生“金效益”，就要打通这一转化的路径，架起由此到彼的桥梁。推进“大花园”战略行动，实现生态惠民富民，最大的课题和路径，就是要在绿色产业、绿色发展上走出新路径。因此，推进“大花园”战略，将是生态好的欠发达地区加快绿色发展、使生态“金饭碗”产生“金效益”的一个大机遇。

最后，“大花园”战略是承接浙江、长三角各种发展要素的大机遇。丽水、衢州、湖州、金华、温州、台州等地的“山区”，大多有良好的植被和山水风光，深入实施“大花园”建设行动，并将各地生态资源加以科学整合，串珠成圈，必将产生放大效应，从而既对浙江又对长三角地区产生积极影响，进一步打响浙江的绿色发展、生态旅游、休闲养生、生态食品等品牌，使丽水、衢州等地产生发展要素的新集聚、新释放和新提升的效应。

四、“大花园”建设的基本目标和思路

第一，最高的、理想的目标。“大花园”是自然环境与人文环境的结合体，是现代都市与田园乡村的融合体，是历史文化与现代文明的交汇体，彰显生态环境之美、产业绿色之美、人文韵味之美和生活幸福之美。“大花园”建设以绿色生产、绿色能源、绿色消费为

主要方向，形成绿色发展新方式。建设“大花园”的最终目的，是实现发展与保护的统一，让人们享受生态环境和生态经济双重福利，促进人与自然和谐共生，实现可持续发展。

第二，战略性目标。建设全国领先的绿色发展高地，把生态经济培育成为发展的新引擎，引领全国全域绿色发展先导区；全球知名的健康养生福地；国际影响力的旅游目的地（世界一流的生态旅游目的地）；具有诗画江南韵味的美丽样本。诗画江南、诗画浙江，既包括自然风光，更指江南人文风情。

以大力建设衢州、丽水等地对外快速便捷、对内畅通互联综合交通体系为着力点，以建设国家公园、美丽城市、美丽乡村、美丽田园为关键点，以实施新一轮“山海协作”工程、健全生态政策体系为支撑点，以重大平台、重大工程和重大项目为落脚点，把浙江打造成世界一流的生态旅游目的地、引领全国的全域绿色发展先导区、具有诗画江南韵味的美丽样本，为“美丽中国”提供浙江方案和浙江实践。

第三，思路重点。力争经过 5 年的努力，省域生态安全得到全面保障，具有诗画江南韵味的美丽城乡基本建成，绿色产业在国民经济中地位更加突出，初步把全省特别是衢州、丽水等核心区建设成为人们向往的“生态大花园、畅通大花园、宜居大花园、宜业大花园、宜游大花园和活力大花园”。

1. 打造“蓝天白云、绿水青山”的生态优美大花园。划定并严守生态保护红线，确保全省拥有足够的生态安全空间，确保生态保护红线面积占全省陆域面积的 25%；高标准实施“碧水蓝天”工程，促进生态环境面貌实现根本性改观；统筹“山水林田湖海”保护修复，进一步提升自然生态系统服务功能。到 2022 年，全省应建矿山绿色矿山建成率达到 90% 以上，森林覆盖率稳定在 61% 以上，湿地保有量维持在 1665 万亩。

2. 打造“互联互通、快速便捷”的生态畅通“大花园”。一是优化现代立体综合交通枢纽。开展四大都市区铁路枢纽总图修编，重点打造 5 个以大型高铁站为主和 4 个以机场为主的综合客运枢纽。二是强化杭州全国性综合交通枢纽地位，增强浙江“大花园”对接长三角和走向国际化能力，重点是推进杭州北向通道、萧山国际机场综合枢纽、杭州铁路西站枢纽等建设。三是加快推进浙西南山区对外交通建设，重点是着力推进轨道交通建设、完善对外公路联络、打造浙西南地区对外空中走廊、全面推进浙西南对外内河水运复兴。四是加强衢丽地区内部综合交通一体化。五是完善景区交通。

3. 打造“山水相融、城乡一体”的生态宜居大花园。按照把省域建成大景区的理念和目标，高标准建设美丽城市，深入开展小城镇环境综合整治，深化美丽乡村建设，实现“美丽城市＋美丽乡村＋美丽田园＋生态公园”为基本空间形态，构建人与自然和谐共生的城乡空间格局。一是集聚人口、提升品质，大力推进“美丽城镇”建设。二是农旅融合、多元富民，努力促进“大花园”美丽乡村和诗画田园建设。三是保护优先、绿色开发，着力构建“大花园”生态公园体系。四是城乡一体、统筹建管，全力提升“大花园”公共服务水平。

4. 打造“绿色低碳、产业融合”的生态宜业“大花园”。做好加减法，推进传统产业减量升级、绿色幸福产业转型提质、绿色消费和新动力加快培育。一是建立重点区域产业准入负面清单，强化底线约束和管控保护。二是推动传统产业绿色化改造，加快存量升级优化和减量化。三是培育绿色产业和幸福产业，推进绿水青山转化为金山银山。四是大力倡导绿色消费，以绿色消费引导和推进绿色发展。

5. 打造“返璞归真、彰显韵味”的生态宜游“大花园”。把全省打造成为返璞归真、记住乡愁、彰显韵味、主客共享的世界一流生态旅游目的地。一是树立诗画浙江“大花园”旅游品牌，打好全域旅游牌。二是促进产业融合与文化内涵发掘，打好文化旅游牌，重点发展“文化＋古建筑”游、“文化＋农业”游、“文化＋工业”游、“文化＋民俗”游，四个“文化＋旅游”。三是推进浙西南旅游产业带发展，打好生态旅游牌，重点是实施“生态＋生命”“生态＋运动”“生态＋1公里”，三个“生态＋计划”。四是建立跨区域旅游设施服务和旅游商品标准，打好品质旅游牌，重点推进旅游商品、旅游设施、旅游服务、旅游监管四个标准化。五是建设跨区域旅游协作新局面，打好协作共赢牌。重点是积极提升杭州国际化程度，加强浙皖闽赣区域合作和与上海对接合作。

6. 打造“市场有效、政府有为”的生态活力大花园。充分发挥市场在资源配置中的决定性作用，加快推进“最多跑一次”改革等，更好发挥政府作为公共服务提供者的作用。一是建立健全权属清晰的自然资源资产产权制度。二是建立健全奖惩互促的绿色发展财政奖补机制。三是建立健全多元参与的绿色金融机制。四是建立健全山区农村人口转移集聚机制。五是建立健全生态环保预警监管和执法联动机制。六是建立健全切实可行的绿色政绩考核和问责制度。

五、加快推进“活力新衢州　美丽大花园”的若干建议

衢州市提出了“大花园”建设的战略目标，就是“活力新衢州　美丽大花园”。具体来讲，就是以“大花园”建设为统领，以打造“两山”实践示范区、绿色金融改革试验区为支撑，努力把衢州建设成“自然的花园、成长（发展）的花园、心灵的花园”。

衢州市还形成了“大花园”建设的行动纲要，提出了具体任务和要求，还要推进不少的项目、平台、抓手。要求到2022年，基本构筑起“国家公园＋美丽城市＋美丽乡村＋美丽田园”的空间形态，基本达到“生产空间集约高效、生活空间宜居适度、生态空间山清水秀”的建设要求，基本实现“大花园＋大平台”“目的地＋集散地”的功能定位，基本建成“诗画浙江——中国最佳旅游目的地和世界一流生态旅游目的地”，绿水青山源源不断转化为“金山银山”，以彰显生态环境之美、产业绿色之美、人文韵味之美、生活幸福之美和创新活力之美，使衢州成为浙江内陆开放桥头堡、沿海纵深内陆大通道、消费升级时代新蓝海、幸福产业发展新高地。

衢州市提出的“大花园”建设思路重点是：“自然的花园·花园式环境；成长的花园·花园式产业；心灵的花园·花园式治理。”

衢州市还提出了打开大通道、建设大配套、提供大产品、提升大环境、深化大协作等“大花园”建设的重点任务，以及“7＋7”即七个特色小镇和七个重点项目的具体平台和工作抓手等。

应该说，衢州市提出的“大花园”建设目标、思路、任务和工作抓手，理念新，思路宽，任务明确，重点突出，平台载体多，全

面推进“大花园”建设有了一个很好的开局。

为更好推进衢州的“大花园”建设，这里提几个具体建议：

第一，全市上下要进一步深化共识，珍惜这个千载难逢的历史性机遇。在全省的“大花园”建设战略中，衢州、丽水等欠发达地区（山区为主）第一次被赋予全省发展战略的主导性地位，而不再被视为边缘地带。这是浙江经济社会发展进入现代文明发展新时代的必然要求，是区域城市化、区域发展一体化的重大新进展。衢州各级干部群众要深刻认识“大花园”战略对当地发展的重大意义，千方百计珍惜这个历史性机遇，只争朝夕推进“大花园”建设，造福衢州人民。

第二，进一步解放思想、开阔视野。要利用好“大花园”战略的历史性机遇，一个重要前提或者说重要条件，就是要不断解放思想，转变观念，拓展视野，提升思路。比如，市里提出了“不一样的衢州”的讨论，要“变金衢为杭衢”打破“衢州人的衢州”，都在于解放思想，拓宽思路，变“不利因素为有利条件”，创造发展新优势。

第三，突出重点，集中力量破解绿色发展、生态富民这个大难题。“大花园”建设中的根本问题，是解决如何绿色发展、如何将生态资源转化为发展资源、生态资源如何富民问题，也就是绿水青山如何转变为金山银山问题，如何有效地变天然的“绿水青山”为给人民造福的“金山银山”问题。这是我们“大花园”建设的重点难点，要结合当地实际，找准绿色发展的突破点，积累绿色发展的经验，形成绿色发展的高地。

第四，在着力打响“衢州有礼”品牌的同时，还能否提出、打响绿色发展方面的衢州品牌？衢州市历史悠久，文化积淀深厚。市里提出要打响“衢州有礼”的城市品牌，这对传承优秀传统文化、增强城市文化涵养、提升市民文明素养、扩大城市影响力、拓展大花园建设内涵，都是很有意义的。同时，我们建议还应根据当地发展资源和优势，提炼概括出一两个最具衢州特色的绿色发展方面的品牌，集中力量加以培育和传播。比如，衢州特色小吃有些知名度，能否形成整体的品牌？再比如，开化的根雕艺术在全国和世界上都有很高的知名度，能否集中宣传？能否拓展其业态以带动当地经济发展？当然，“钱江源头旅”也是很好的品牌。

第五，要千方百计运用好“绿色金融”这个大工具、大杠杠。“大花园”建设自然涉及“人财物”的投入产出，要解决好钱从哪里来的问题。现代经济发展离开金融资本，一切都无从谈起。而要加快“大花园”建设和绿色发展，没有金融资本的“介入”和“撬动”，也是不可能的。“绿色金融”除了金融资本要加大投入绿色产业、产品，大力扶持和推动绿色发展外，重要的是要把绿色资源、绿水青山本身也看作是金融资本或者说金融产品。用“金融资本”去盘活、放大绿色资源的价值，使自然资源转化为发展资源，使“死”的生态资源转化为“活”的资本，可经营可流动可交易可增值。当然，这里涉及理念创新、金融产品创新和制度创新，也需要有金融资本经营方面的人才。

第六，把“大花园”建设和实施乡村振兴战略有机结合起来，并将田园综合体作为推进“大花园”建设行动和乡村振兴战略的重要载体。在广大农村地区，要长期推进乡村振兴战略和“大花园”建设的行动计划，使新时代农业、农村现代化建设事业取得重大新成就。最近几年来，农村田园综合体成为全省和全国农村发展的一个新载体、新亮点，它把城市发展与农村发展、农业与工商业（资本）、传统农业与生态、文旅产业、土地集中与流转、自然生态保护与合理开发利用等结合起来，形成了一种新的综合性业态和农村发展新方式，值得探索总结和逐步推进，使之成为乡村振兴、农村绿色发展、农民生态致富的新路径。

第五篇

建设美丽“大花园” 开创丽水新时代

浙江省第十四次党代会郑重作出要谋划实施“大花园”建设行动，支持丽水等生态功能区加快实现绿色崛起，把生态经济培育成为发展的新引擎。丽水市委、市政府以高度的政治责任感和使命感，正着力打好五张牌，大力培育新引擎，全力建设“大花园”，奋力创建浙江（丽水）绿色发展综合改革创新区。我们完全有理由期待：建设美丽“大花园”，必将开创丽水发展的新时代。

建设美丽“大花园”，培育发展新引擎，是浙江省进入新的发展阶段的新的重大战略部署，具有重大的理论和实践意义。习近平总书记在浙江工作期间，提出了许多符合浙江实际又具有全国普遍意义的新理念新战略，“八八战略”、“两山”理论、“生态浙江”等就是其中最为重要的内容之一。10多年来，浙江省深入实施“八八战略”战略和“两山”理论，在浙江大地上结出了丰硕成果，彰显出其强大的理论价值和实践力量。浙江省第十四次党代会明确提出，要继续坚定不移地沿着“八八战略”指引的路子走下去，统筹推进富强浙江、法治浙江、文化浙江、平安浙江、美丽浙江、清廉浙江建设，在实践导向上进一步突出改革强省、创新强省、开放强省、人才强省，以形成引领未来发展的新优势。

毫无疑问，“大花园”行动作为“六个浙江”“四个强省”中非常重要的一个大举措，是在新的历史条件下深入贯彻“八八战略”、“两山”理念的一个新的重大部署，是要在更广领域、更深层面、更高水平去续写“美丽浙江”的新篇章，为“美丽中国”创造更丰富鲜活的浙江样本。

一、“大花园”战略是丽水千载难逢、百年一遇的历史性发展大机遇

丽水最大的优势在生态，最根本的出路靠生态。习近平总书记要求丽水发展一定要围绕生态做大文章。丽水市牢记习近平总书记“绿水青山就是金山银山，对丽水来说尤为如此”的教导，坚定不移地走绿色发展之路，取得了“绿色发展、科学赶超、生态惠民”的丰硕成果。

省委、省政府提出“大花园”战略后，丽水市委、市政府以高位的政治意识、坚定的信念、宽阔的视野、清晰的思路、为民的情怀和开创发展新局的使命担当，迅速贯彻落实“大花园”发展战略，着力谋划创建浙江（丽水）绿色发展综合改革创新区的重大部署，勇当浙江乃至全国的绿色发展的探路者和模范生，力争按照创建全国生态文明高地、世界一流生态旅游目的地的目标要求，着力打好五张牌，致力建设五个“大花园”，誓将丽水率先建成“绿水青山就是金山银山”的全国标杆、诗画浙江的鲜活样板，从而为“美丽中国”和美丽浙江奉献更多的丽水元素、丽水实践和丽水印记。

过去的成绩令人鼓励，未来的前景让人兴奋。可以说，丽水已带着满满的自信开始步入建设美丽大花园、加快绿色崛起的新时代。

这是丽水百年一遇、千年难得的历史性大机遇。“大花园”行动是引领丽水未来发展的大机遇、大“风口”。在我们看来，丽水的“大花园”建设，至少将迎来以下5个发展大机遇。

1.“大花园”战略是丽水生态环境保护和美化优化的大机遇。生态环境好是丽水的底色和优势，这是大自然的造化，也是工业等经济后发的结果。当然，也有过去重视生态保护的成绩。实施“大花园”战略行动，对保护、治理生态环境可以形成更广泛的共识，出台更高水准的保护标准，采取更大力度的保护举措。当然，我们也要认识到，单纯消极的静态保护是不够的。保护是基础、前提。我们还要在保护的基础上美化优化环境。比如，光多种树不够，还要种好的树。光多栽花也不够，还要栽好的花。此外，应做到自然生态与历史人文相融合。只有这样，才能成为真正吸引人的“大花园”。

2.“大花园”战略是丽水绿色发展、生态“金饭碗”产生“金效益”的大机遇。从宏观大局意义上讲，绿水青山是“金山银山”，甚或可以说是人类的生命生存的基本保障，即绿水青山是“生命生存”。但从现实和一个地区来说，绿水青山是“金山银山”有一个转化问题。这就必须探索绿色发展的问题，把生态环境转化为绿色发展的资源。不解决好这个问题，绿水青山只是一个空的“金饭碗”，两手端着“金饭碗”也只能讨饭吃。“金饭碗”要产生“金效益”就要打通这个转化的路径，架起由此到彼的桥梁。推进“大花园”战略行动，实现生态惠民富民，最大的课题和路径，就是要在绿色产业、绿色发展上走出新路径。

3.“大花园”战略是丽水承接浙江、长三角各种发展要素的大机遇。丽水和浙西南的“大花园”建设，既对浙江又将对长三角地区产生积极影响，打响了绿色发展、生态旅游、休闲养生、生态食品等品牌，将会产生发展要素的集聚、扩张和整合效应。

4.“大花园”战略是全球丽水人力量大凝聚、大展现的大机遇。这是丽水千百年来的一次全方位的、省级甚至长三角区域发展的一个大战略、大机遇，将极大地提振全球丽水人的自豪感和发展信心，进一步凝聚和激发丽水人民的发展力量。

5.“大花园”战略是丽水在全国走出一条绿色发展新路的大机遇。站在全国角度讲，如果丽水走出了一条切实可行的绿色发展的新路子，探索和创造出了把绿水青山转化为“金山银山”的举措办法，那将在一个地市级的山区、后发地区落实新发展理念、实现绿色崛起和赶超发展以及生态惠民富民的新路子，从而在很高的发展起点上走在全国许多地区的前列，为全国山区、生态功能区的绿色发展作出贡献。

围绕上述发展新理念、新机遇，丽水市委、市政府已经作出系统谋划，可以说目标蓝图已经绘就，信念意志已经确立，路径举措已经部署，建设美丽“大花园”已经有了“丽水思考、丽水宣言、丽水行动”。我们同全体丽水人民一样，正满怀信心地迎来丽水发展的新时代。一个百花竞艳的美丽“大花园”、美丽丽水，正向人们阔步走来！

二、对丽水建设“大花园”的若干建议

建设美丽“大花园”的战略行动决策已经部署，方向目标已经

明确，也出台许多政策和办法，但这毕竟是一个长期的奋斗目标和任务，需要持之以恒、久久为功。这里，我就持续建设“大花园”提出若干建议。

1. 不断深化对生态文明实质的理解。生态文明是我们人类与自然界之间的一种和谐共生、良性互动的关系，也是人类经济社会可持续发展的一种文明形态。生态文明的实质，就是要培育创造出一种以良好生态环境为基础，以自然生态规律为准则，以可持续发展为目标，使人类的生产发展、生活富裕、生态良好相统一的文明社会形态。能否形成这种文明社会形态的关键，取决于能否形成生态化可持续的经济发展方式，即生态经济。

生态经济是一种以生态文明理念为统领、以生态自然环境为基础、以生态产业发展为主导、以生态技术为支撑、以生态生活方式为特征的经济发展形态，也可以说是一种以生态化为主导的经济发展路径和模式。从经济发展方式的现代方位角度讲，绿色循环低碳发展是生态文明的基本内涵，也是实现生态文明的基本途径。只有在经济建设和社会发展的各个方面都充分考虑自然资源和生态环境承载能力的基础上，推动城乡建设和生产、流通、消费各个环节的绿色化、循环化、低碳化，实施经济运行的循环发展，并加大环境保护力度，加快生态修复保护，我们才能有效地促进生态文明建设。

18 世纪中叶开始的工业革命，在造福人类社会的同时，也给人类带来了沉重的资源环境代价。20 世纪 30 年代后，工业革命带来的环境污染和生态破坏事件屡屡发生，从而引发人类对工业文明弊端的反思。生态文明就是人类这一反思的积极成果。

如今，可持续发展、绿色发展、循环发展、低碳发展、生态文明，业已成为世界各国的普遍共识。

生态文明建设，除了高度重视工业、经济领域污染问题外，更要全社会形成共识，转变过去的经济增长和发展方式，转变人类生存和发展理念，转变人类的思维方式、生产方式和生活方式，从根本上去推动生态文明建设。

2. 深入学习贯彻习近平“绿水青山就是金山银山”和建设“美丽中国”的重要思想。习近平总书记的“绿水青山就是金山银山”“美丽中国”的生态文明思想，是新时代中国特色社会主义思想的重要组成部分，是长期指导我国生态文明建设的基本方略，也是推进浙江“大花园”建设的行动指南。

党的十八大在我国生态文明建设的历史进程中是一个新的里程碑。党的十八大报告指出：“建设生态文明，是关系人民福祉、关乎民族未来的长远大计。面对资源约束趋紧、环境污染严重、生态系统退化的严峻形势，必须树立尊重自然、顺应自然、保护自然的生态文明理念，把生态文明建设放在突出位置，融入经济建设、政治建设、文化建设、社会建设各方面和全过程。”党的十八大以来，我国的生态文明建设成效显著。全党全国贯彻绿色发展理念的自觉性和主动性显著增强；生态文明制度体系加快形成，主体功能区制度逐步健全，国家公园体制试点积极推进；全面节约资源有效推进，能源资源消耗强度大幅下降；重大生态保护和修复工程进展顺利，森林覆盖率持续提高；生态环境治理明显加强，环境状况得到改善；而且积极加强应对气候变化的国际合作，成为全球生态文明建设的重要参与者、贡献者、引领者。

在党的十九大政治报告中，习近平总书记再次宣告，我们党和国家坚持人与自然和谐共生的基本方略：“建设生态文明是中华民族永续发展的千年大计。必须树立和践行‘绿水青山就是金山银山’的理念，坚持节约资源和保护环境的基本国策，像对待生命一样对待生态环境，统筹山水林田湖草系统治理，实行最严格的生态环境保护制度，形成绿色发展方式和生活方式，坚定走生产发展、生活富裕、生态良好的文明发展道路，建设美丽中国，为人民创造良好生产生活环境，为全球生态安全作出贡献。”

习近平总书记指出：“人与自然是生命共同体，人类必须尊重自然、顺应自然、保护自然。人类只有遵循自然规律才能有效防止在开发利用自然上走弯路，人类对大自然的伤害最终会伤及人类自身，这是无法抗拒的规律。”“我们要建设的现代化是人与自然和谐共生的现代化，既要创造更多物质财富和精神财富以满足人民日益增长的美好生活需要，也要提供更多优质生态产品以满足人民日益增长的优美生态环境需要。必须坚持节约优先、保护优先、自然恢复为主的方针，形成节约资源和保护环境的空间格局、产业结构、生产方式、生活方式，还自然以宁静、和谐、美丽。”

生态文明建设是其他各项建设的自然载体和环境基础，没有良好的生态文明，其他一切建设都将成为无本之木。因此，各个领域的现代化建设，都应该以不损害生态环境为基本底线。

2013 年，习近平总书记在致生态文明贵阳国际论坛年会的贺信中指出：“走向生态文明新时代，建设美丽中国，是实现中华民族伟大复兴的中国梦的重要内容。中国将按照尊重自然、保护自然的理念，贯彻节约资源和保护环境的基本国策，更加自觉地推动绿色发展、循环发展、低碳发展，把生态文明建设融入经济建设、政治建设、文化建设、社会建设各方面和全过程，形成节约资源、保护环境的空间格局、产业结构、生产方式、生活方式，为子孙后代留下天蓝、地绿、水清的生产生活环境。”

我们期待生态文明、美丽中国，将成为中国现代化建设的又一个显著特点，也将成为我们社会的文明新形态的重要标志。我们要牢固树立社会主义生态文明观，推动形成人与自然和谐发展的现代化建设新格局。中国将开辟人类现代化发展的文明新路!

3. 要更深刻地把握丽水生态的优劣势。良好的生态是丽水的最大优势和财富。可以说，丽水是华东地区生态保存最完好的地区之一，被誉为“浙江绿谷”或“华东绿谷”。生态环境质量居浙江省第一，全国也处于前列，生态环境质量公众满意度位居浙江省首位。2004年，中国生态环境质量评价研究报告显示，丽水市9县（市、区）均为优秀，列中国前50位，被称为华东地区最大的“天然氧吧”“全国生态环境第一市”，其中4个县列前10位，庆元县列第一位，成为“中国生态环境第一县”。

丽水市还素有“浙南林海”之称。2002年开始，实施生态公益林、千里绿色长廊、退耕还林建设。全市林业用地面积146.24万公顷，其中有林地134.19万公顷。活立木总蓄积量5899.78万立方米，毛竹立竹量31915.02万株。森林覆盖率达80%以上，林木绿化率达81.62%。森林资源以针叶树最多。丽水市有省级重点林业自然保护小区81片，总面积13457.4公顷。2010年被省里授予“浙江省森林城市”称号。

丽水生态环境优势突出，尤其绿化、空气、水资源方面最佳。但是，离人们心中的美丽“大花园”和我们要建设的“大花园”是否有距离？在自然条件允许的前提下，我们不但要林木绿化率高，还要林木种类多而优；我们既要好看的林木，还要能为民众产生效益的林木；我们不但要有草有木，还要有好看花。要种树，还要多种各种花。“大花园”不能没有花。

显然，丽水的生态有优势也有劣势，可看性、观赏性、经济性的生态特点、亮点并不很多。尽管我们歌颂丽水的“山”是江浙之巅，但奇峰异岭并不多；我们也赞美丽水的“水”是六江之源，但并非大区域里的名江名流。因此，我们要思考和回答的一个问题是：丽水生态优势的真正特色和亮点或者能吸引人、打动人的“绝活”是什么？在哪里？能不能借此“大花园”培育出一两个新亮点？

4. 走出一条有鲜明特色的生态经济发展新路。作为一个生活着数百万人的区域来说，生态保护不是被动的、静态的、消极的、无为的保护，而是在保护的基础上还应该是发展的，能富民、惠民的。这就有一个产业、经济和社会的发展问题，也就是绿色发展或者说生态经济的发展问题，或者可以说是生态保护与生态（经济）的有机融合问题。这种问题的实质、关键所在，是问题的重点、难点所在。“绿水青山就是金山银山”，关键在于如何把绿水青山的生态环境资源源源不断地转化为实实在在的“金山银山”。

为此，就必须精心谋划并大力发展生态农业、生态工业、生态型现代服务业。丽水尤其要做好生态精品农业，主打若干主导性生态农业产品，全力发展生态旅游等绿色产业。这是绿水青山与“金山银山”的最佳结合之处。丽水要把生态旅游业作为第一战略支柱产业来培育，着力推进生态旅游业、养生养老业等产业的协调发展。当然，丽水还要大力发展生态特色文化，如丽水的石、瓷、剑文化，畲族文化、《牡丹亭》文化等，都是很有历史底蕴和知名度的。

5. 打造一个富有鲜明特色的丽水品牌。每个地方都有自己的自然、历史、文化方面的特点、亮点。地区品牌就是一个地方的特色、优势、个性。但是，一个地方通常有许多方面的特点，值得称道之处。所以，必须找准自己的定位，有所取舍，多中选少，优中选异，既符合当地的特点，又能吸引人，尤其能把当地的发展资源和未来发展走向结合起来，集中力量，长期宣传这个品牌。这样才能打响品牌、打好品牌，产生广泛的发展效应。

丽水一直力求打造“秀山丽水·养生福地·长寿之乡”的品牌，是有一定特色的。但问题是“养生福地·长寿之乡”究竟能真正吸引多少人来丽水养生？养生的优势有多少？如果就目前讲，丽水真正能吸引全省、华东地区、全国和境外的客人来养生恐怕并不多，即便来旅游的人也很有限。因为真正很有特色、很有亮点、很有魅力的“绝活”并不多。

所以，丽水的特色、优势还有待培育，丽水的品牌也有待提炼。

根据目前丽水尚未形成知名度、公认度较高的有特色的主打优势和品牌，在当前和今后一个时期弥补的方法，就是在不同的季节、不同的县市、不同的行业多举行具有自己特色的活动，通过此类活动载体吸引更多的人到丽水来，以期积小胜为大胜。比如，建设画乡创作基地，举办国际摄影文化节、国际轮滑公开赛等文体活动等。

丽水绿色发展的关键一环，是如何让更多的人（旅客）来丽水？为此，除了加快改善基础设施外，要集中力量打造若干个生态环境优良、山水风光秀美、江南风味十足、区域文化浓郁、能让人流连忘返的旅游景区景点或旅游小镇。当然，这是需要旅游专家精心调研谋划的，也是需要有大智慧、大手笔的。

三、献给丽水人民的一首诗

在这美丽的地方

绿谷风起兮
丽水云飞扬
四千个春秋
创造处州辉煌
千百里山河
滋润万物生长
山，江浙之巅
水，六江之源
啊
秀山丽水
是养育你我的故乡

美丽风起兮
丽水云飞扬
三百万同胞
花园耕耘续新章
新时代召唤

云海高处迎朝阳
天，白云飘荡
地，百花竞放
啊
秀山丽水
是你我圆梦的故乡

啊
美丽的丽水
令人陶醉
让人向往
这是个多么迷人的地方

第六篇
我国民间融资的一场立法大变革

刚才听了大家的发言，我深受启发，收获很大，也对温州金融综合改革的进展情况及其重要性、必要性有了新的认识。省人大对温州金融综合改革非常重视，已将温州民间融资立法列入 2013 年省人大常委会立法计划的预备项目，这次调研省人大是提前介入，期望能及时充分了解情况，形成工作合力，积极稳妥地推动民间融资立法工作。大家知道，民间融资历来带有民间性，甚至有“地下的”民间融资。民间融资自古以来就存在，有社会需求和合理性，但带来的社会问题也不少。对温州的民间融资进行立法，这是我国金融发展史上的一次大变革，将对全国的民间融资、金融体制带来广泛深刻的影响。刚才大家提出的立法意见和建议，我们回去后将认真进行整理和消化，并根据法规起草情况予以吸收和转化。下面，我就金融改革的相关问题与大家交换几点看法。

一、温州金融综合改革进展明显

2012 年 3 月，国务院常务会议决定设立温州市金融综合改革试验区。一年来，温州紧紧抓住机遇，围绕金融改革的目标和任务，不断推进改革进程，取得了明显的进展，根据你们的介绍，我认为主要体现在八个方面：

1. 在学习贯彻落实国务院关于温州市金融综合改革试验区总体方案和省委、省政府相关文件精神、统一思想认识方面取得新进展。国务院批准设立温州市金融综合改革试验区后，温州市高度重视，统一思想，提高认识，形成共识，开展金融综合改革的工作目标明确，思路清晰，措施有力，开局良好，为改革的深入开展打下了良好的基础。

2. 在出台相关金融政策方面取得新进展。制定出台了《金融机构加大服务创新参与金融改革促进实体经济发展的意见》等政策文件，推动温州当地的银行、保险、银监、保监等金融部门，围绕创新服务实体经济的目标，积极参与金融改革，做了大量工作。特别是在创新金融产品，提供金融服务，促进“正规”金融机构和民间金融、体制内外互为一体，共同推动金融综合改革进程和服务地方经济发展，实现共赢互惠方面，动了很多脑筋，也取得了积极成效。

3. 在发展民间金融方面取得新进展。着力探索建立公平公正、规范有序的准入制度，鼓励和支持民间资本进入金融、社会事业及基础设施建设等领域。同时，深化发展小额贷款公司试点，加快推进农村合作金融机构股份制改革，稳步推进农村资金互助会试点等都取得了新的突破。

4. 在创新民间金融机构组织方面取得新进展。不断创新民间金融服务平台，建设服务渠道，设立民间借贷服务中心，引入 P2P 融资中介机构，组建民间资本管理公司，首创温州民间融资综合利率指数“温州指数”并实时发布等，通过发展民间金融组织机构引导民间金融规范发展。

5. 在探索增加群众财产性收入方面取得新进展。探索发展专业的资产管理机构，设立民间资本的财富管理中心，提高资金抗风险能力，努力增加群众财产性收入，实现财产的保值增值。

6. 在加强民间金融监管和风险防范方面取得新进展。制定出台《关于加强地方金融监管工作的实施意见》，组建温州地方金融管理机构，成立金融法庭、金融仲裁分院和金融犯罪侦查支队，加强对民间金融的监管，强化金融风险预警，努力化解金融纠纷。

7. 在加快发展金融业方面取得新进展。温州金融综合改革启动后，温州当地金融业发展迅速，从数据上看，已经占到当地服务业的 20% 多，地区 GDP 的 10%，数量相当可观，温州金融业的发展前景良好。

8. 在推进民间融资制度化建设方面取得新进展。温州市根据国务院确定的改革任务，组织了专门的课题组，开展了民间融资立法的调查研究工作，促进了民间金融的规范化和法制化发展，也为省人大开展温州民间融资立法打下了良好的基础。

仅仅一年，温州开展金融综合改革就取得了这么好的成绩，实属不易，也期待温州能够继续抓住机遇，加大资源整合力度，推动各项工作更上一个台阶。

二、进一步充分认识温州金融综合改革的重大意义

温州作为国务院确立的首个金融综合改革试验区，其改革进程

和成果将具有重要的示范作用。我们要站在更高的层面，进一步充分认识温州金融改革对于浙江乃至全国经济社会发展的重大意义。

1. 金融文明发展是人类文明发展的大趋势。人类社会从男耕女织、自给自足的农业文明，发展到以劳动分工精细化、劳动组织集中化、生产规模化等为特征的工业文明，下一阶段，将是以信息化、服务业为主要特征的新型现代文明，而金融文明则是现代文明的重要基础条件。纵观当今世界，拥有发达的金融业是大国崛起的必然要求，是当今发达国家的共同特征。我们开展金融改革，必定要努力发展金融文明，以顺应人类社会发展的潮流。

2. 现代经济体系离不开相对成熟的金融体系。市场经济体制需要三大支撑点，分别是：权责利高度统一的现代产权制度——法制基础，高度发达的现代科学技术——科技基础，以及体系多元化、业务国际化、经济货币化的现代金融制度——金融基础。我们要完善市场经济体制，建立现代经济体系，必须加快金融改革，建立相对成熟的金融体系。

3. 发展现代金融是实现“中国梦”的重要方面。党的十八大提出了全面建成小康社会，实现中华民族伟大复兴的目标。实现“中国梦”，振兴中华，必须振兴金融。目前我国的金融业发展仍处在“婴幼儿”时期，发展空间非常广阔。我们要抓住温州市开展金融综合改革试验的契机，深化金融体制改革，加快发展民营金融机构，加快发展多层次资本市场，健全促进宏观经济稳定、支持实体经济发展的现代金融体系。

4. 发展现代金融是增加群众财产性收入的重要途径。党的十七大、十八大提出要创造条件让更多群众拥有财产性收入。财产性收入从何而来，一个重要的渠道就是通过金融工具。完善金融产品和服务，让群众的财产能够保值增值。如果人民群众仅仅依靠传统的劳动，只有“勤劳”而不会“富裕”。

5. 发展现代金融是实现经济可持续发展、社会和谐稳定的重要因素。改革和发展金融业，实现社会资本的高效配置，使金融更好地服务实体经济，有利于深化要素市场的改革、促进经济结构调整、推动产业转型升级，培育新的经济增长点，从而突破刘易斯转折点和人口红利消失带来的增长瓶颈，跨越中等收入陷阱，实现经济的持续健康较快发展。同时，从国际社会发展规律看，发生社会危机往往首先是金融出现问题。深化金融改革，发展民间融资，打开“前门”，关掉“后门”，有利于促进金融健康发展，也有利于促进社会和谐稳定。

三、加强对民间融资改革重点问题研究

发展民间金融，首先要加强对金融知识的学习和研究。从金融学角度来说，实物资产货币化、货币资产资本化、产业资本金融化、金融资产证券化是金融发展的客观过程，也是社会经济进步发展的重要标志。我们国家的民间金融，一般是指在政府批准并进行监管的金融活动（即“正规金融”）之外所存在的游离于现行制度法规边缘的金融行为，是金融体系的重要组成部分，也受金融发展规律的支配。

在对金融学知识的研究和把握基础上，还要更加有针对性地加强对民间融资改革中一些重要问题的研究。民间融资改革从逻辑上

讲，可以分为六个环节：一是融资主体及主体的资金；二是资金的集合，包括银行、资金管理公司、私募等各种集合的形态；三是资金的流动及集合的资金如何进行最优配置；四是资金流动的利率、风险，即金融交易成本、风险的定价问题；五是融资风险的防范及监管；六是监管的体制和组织。要围绕上述六个逻辑流程，对其中的重要问题开展深入研究，从而为民间融资立法和民间融资的发展提供有利条件。

四、民间融资立法应重点解决的问题

温州民间融资立法是国务院确定的温州金融综合改革的重要任务之一，也是规范和发展民间融资，促进金融综合改革顺利开展的重要保障。要以坚持可行性、体现科学性、增强可操作性为重点，深入调查研究，重点关注解决以下几个问题：

1. 民间融资的概念。对民间融资目前还没有统一的定义，一般是指在国家法定金融机构之外，以取得高额利息与取得资金使用权并支付约定利息为目的的种种金融行为，其范围比民间借贷范围更宽，但比民间金融的范围要窄。民间借贷是民间融资的传统方式，实践中还有民间票据贴现、私募债券、私募股权、合会等多种形式。对民间融资的概念和范围进行界定，涉及法规的调整范围、条文框架和制度设计，是开展立法的基础。

2. 立法的宗旨和目的。温州开展金融综合改革的一个重要任务就是为了规范和发展民间融资，使民间融资“阳光化”，民间融资立法当然也要服从和服务于这一目标任务。通过法律的制度安排和设计，建立民间融资良好的市场秩序，大力发展金融业，努力完善资本市场，使金融业能更好地服务实体经济，促进地方经济社会的持续稳定健康发展。与此同时，还应当意识到，民间金融的规范和发展也是服务于民生的，也就是说，通过发展民间金融，不断丰富金融产品和服务，让人民群众有更多的投资途径、投资产品，使人民群众的财产能够实现保值增值。这也符合中央关于增加人民群众财产性收入、实现共同富裕的精神，应当成为立法的宗旨和目的之一。

3. 一些具体的制度设计。立法工作要从大处着眼，小处着手，最终落脚在具体的制度设计上。温州民间融资立法起码要着力研究解决五个方面的具体问题：一是民间融资的合法性。民间融资的方式很多，具体哪些民间融资行为需要纳入法规的调整范围，受到法律的保护，哪些行为可能妨碍金融秩序、存在社会危害性，在法律上需要给予否定的评价，都要认真深入地进行研究和解决。二是适度的利率市场化。利率市场化是指将利率的决定权交给市场，由市场主体自行决定利率的过程。是否允许民间融资行为的当事人基于市场供求力量，根据市场信息自主决定借贷利率，以及法规保护的民间融资利率是多少，法律最高能够许可的利率是多少等，都是立法必须面对和解决的难题。三是民间金融组织的合法性。温州开展金融综合改革以来，积极探索和创新，组建了一些民间金融相关的机构和组织，这些机构和组织的法律地位、组织形式、工作职责以及相应的法律责任等，都应当在立法中予以明确。四是民间融资的金融工具、金融渠道和金融产品的合法性。民间融资的金融工具有现金类、证券类和其他衍生类，其金融渠道相对灵活，金融产品丰富多样。其中，哪些工具、渠道和产品是合法的，哪些是法律禁止的，以及哪些领域允许民间资本进入，充分发挥民间金融服务实体经济的功能，切实有效增加人民群众的财产性收入，都需要通过立法的制度构建予以规范。五是民间金融风险的监管。民间金融风险的控制与防范是民间金融发展的一个根本性问题。民间金融的发展不可能听之任之，应当纳入监管的范围，但是行政介入的力度和界限在哪里，相关风险监管的体制机制、监管的机构、监管的制度和措施等，都是立法中需要认真考量的问题。

我就简要谈点个人想法，供大家参考。

（本文系作者 2013 年 3 月 13 日在温州民间融资座谈会上的讲话）

第七篇

向着创造“世界奇迹”而奋进

义乌是我国国际贸易综合改革试点市，义乌的改革牵涉到全省乃至全国深化改革和发展的大局。所以，我们应该更多地关注、关心和支持义乌的国际贸易综合改革试点实践。今天，我们实地看了一些商场、企业，又听取了义乌市委、市政府的情况介绍，很受教育和启发。下面，我就义乌改革和发展实践怎么认识、怎么看待和当前的重点工作，与大家作些交流和探讨。

一、义乌创造了“中国奇迹”

改革开放 30 多年来，义乌人民创造了浙江奇迹、中国奇迹，令人欢欣鼓舞。

对我们来说，来到义乌，首先是学习。学什么？可学的东西当然很多。

首先，要学习义乌人那种创新干事的精神，那种改革开放的魄力，那种一心一意抓发展的劲头。尽管我们都多次来过义乌，我在绍兴工作期间，也曾带队专门来学习过，后来又来过几次。但是，每次来，一踏上义乌的土地，一走进义乌的商场，就感受到义乌的发展、义乌的改革，给人以兴奋、鼓舞。义乌由当年的路边街头的小商品市场，如今已发展成为中国乃至国际影响力越来越高的著名商贸城。可以说，义乌人民的创造，是金华，也是浙江，甚至是整个中国改革开放的一个缩影，是中国走向繁荣富强的一个缩影，是实现中华民族伟大复兴中国梦的一个缩影。我国改革开放的实践经验很多，义乌就是一个典型的案例、成功的样本。从义乌的发展实践，我们可以清楚地看到，历史是谁创造的？历史就是由人民创造的，历史就是在人民追求自己美好生活的实践中创造的。中国特色社会主义制度的发展和优势，也是在这种改革、发展的实践中创造的。

我们浙江人真是了不起，创造了那么多的改革实践经验。东阳的横店也是个奇迹。真是“山沟里出奇迹”！谁能想到那个比义乌还要偏远的小山沟里，会冒出个以影视文化为特色的“横店城”。记得 20 世纪八九十年代，横店还是一个很普通的小乡镇啊！现在，一年的旅游人数就达到上千万人次。当然，义乌的“奇迹”比横店要大多了。这几十年来，义乌已经成为华东的、全国的，乃至一定程度的世界性商贸中心。这些，当年谁能想象到呢？可是，历史奇迹往往是在人民群众这种自然而然的实践中创造的。

其次，要学习义乌人吃苦实干、善于经商的精神。“奇迹”不是“吹出来”“喊出来”的，而是靠脚踏实地干出来的，靠吃苦耐劳“熬出来”的。这方面，义乌是有历史传统和文化基因的。这就是当年“鸡毛换糖”的精神，“拨浪鼓”的精神。零星的鸡毛本来是没什么大用处的，但收购集聚起来以后，就能加工，变废为宝。我们小的时候就经常看到、也接触过义乌人的“鸡毛换糖”。因此，历史上的义乌人，就有着“手摇拨浪鼓、脚走四方土”的浓厚的经商传统。这 30 多年来，又在这种历史文化传统的基础上，乘着改革开放的时代风帆，进一步发扬光大了、提升发展了。从义乌改革发展历程看，我们要学会实事求是，因地制宜，尊重客观规律，使决策部署深深地扎根在当地的土壤之中。永康的五金工业也与历史上善于“打铁补锅”的手工艺有关。义乌的“鸡毛换糖”“弹棉花”历史上也是小有名气的。当然，不仅要继承历史传统，关键的还是要在历史的基础上不断开拓创新，不断丰富发展。今天的“奇迹”总是在过去的基础上创造的。

义乌发展到今天，的确有很多启示。义乌人民的改革创新精神、艰苦实干精神以及尊重历史的文化情怀，极大地激发了人民群众创新创业的激情和改天换地的活力。

还有，要学习义乌始终坚持“商贸立市”的战略思路和咬定目标不动摇的韧性。历届义乌市委、市政府，坚持因地制宜、因势利导，扭住“兴商建市”不放，一张蓝图干到底，一届接着一届干，体现出了坚韧的气质、一往无前的精神。正因为这样，才能有今天的“奇迹”。朝三暮四干不了大事业，而持续不断的滴水就能穿石。历史创造更要靠持之以恒、坚持不懈去努力，才会有骄人业绩。习近平总书记在浙江工作期间，就深入调研、总结义乌发展经验，当时省委还专门发了文件，向全省推广，号召我们学习。其中有一点，我印象非常深刻，就是义乌市委、市政府抓住商贸立市、商贸兴市这个战略思路不变，并在实践中不断充实、丰富和提升。如此一以贯之地坚持和完善义乌的发展战略目标，表现出了很强的战略定力和工作耐力。30 多年的发展历程，今天终成“正果”了。

义乌围绕小商品，创造了改革、发展的中国奇迹，可以说，小商品创造了大奇迹，小商品形成了大市场，小商品带动了大产业，小商品促进了大城镇，小商品惠及了大富民，小商品走向了大世界。义乌改革、发展成就令人敬佩。也许，我们再怎么高的评价都不为过。义乌人的创新创业精神值得学习，义乌的改革、发展经验值得总结。

义乌改革、发展的成功，是中国特色社会主义在浙江大地上、在基层的生动实践，是我们增强中国特色社会主义的道路自信、理论自信和制度自信的活生生的教材，对我们全面深化改革开放、推进现代化新发展和实现伟大的中国梦，都具有极大的现实意义。我们讲中国特色社会主义事业及其成就，不是空的、抽象的，实际上就在我们身边，就在我们的实践创造中。义乌就是个鲜活、生动的案例，不需要讲很多大道理，就可以真切地感受到中国特色社会主义的强大生命力。30 多年的改天换地，义乌的土地还是这块土地，但是，现在是一方热土，一块活力四射的热土。这里，财富大量涌流，义乌人的聪明智慧得到了充分地释放。

展望未来，义乌充满着无限的活力和希望。

二、义乌尚待创造“世界奇迹”

今天的义乌，可以说创造了“中国奇迹”。作为一个县级市，它的市场辐射力、带动力已影响全国，在世界上也有了较高的知名度了。对今后的发展前景，能不能提出创造“世界奇迹”的期望呢?

作为奋斗的目标、理想，从我个人的认识角度来讲，觉得是很值得讨论和思考的。

主要理由是：想当年，谁能预见到义乌人用了30多年时间就创造了中国奇迹呢？谁又能说30—50年后的义乌不会这样呢？或者说不能创造“世界奇迹”呢？更重要的是，2011年3月，国务院正式批复在义乌实施国际贸易综合改革试点，义乌的改革、发展已上升到了国家级战略层面，而且十分明确，义乌是以国际贸易为龙头的国家级的综合改革试点，目标指向是“国际贸易”，是中国小商品进出口贸易的国际性平台。还有，目前义乌已经有了向建设全球性小商品贸易中心、国际商贸名城奋进的坚实基础。所以，提出义乌再创“世界奇迹”，虽然任重道远，却也不是不可能的。甚至可以说，这是上级领导部门赋予义乌的新使命，是社会各界和人民群众寄予义乌的新希望。

过去已经成为历史，我们要做的是不断去创造新的历史。现在，义乌又面临着国内国外发展的新形势，面临着中央提出的全面深化改革的新要求，面临着市场、产业、城乡转型发展的新任务。机遇也好，挑战也罢，这是一个改革、发展都需要转型升级的新阶段。这里有商品贸易方式的转型升级，有市场的转型升级、产业的转型升级、社会的转型升级、城市农村的转型升级，还有政府的转型升级，等等。这个阶段的改革、发展任务紧迫而又艰巨。以前的改革、发展优势已经释放得差不多了，存量的优势也已经发挥得差不多了，但改革、发展的增量优势还没有很好地培育出来。改革进入“深水区”，发展步入“新常态”。以前“放点权”就可以释放出巨大的发展潜能，现在要更多地依靠创新才能实现新的发展。

实践也一再证明，改革创新能释放出巨大的发展“红利”。综合改革试点 3 年来，义乌的改革、发展实践又取得了新的成绩。你们介绍了“市场采购贸易”方式的落地提速、保税物流中心（B 型）获得批准、义乌空运口岸开放进入会签阶段、国际陆港城市建设加快、电子商务快速发展、与国家“一带一路”倡议开始对接、贸易金融专项改革和要素市场化配置改革加快推进、以“三单一网”为突破口的服务型政府建设提速等 12 个方面的改革进展情况。显然，随着这些改革举措的推进，极大地解放了新活力，推动了新的发展。2013 年，海关监管小商品出口达到了 78.2 万标箱，同比增长 19.5%；外贸出口在 2012 年同比增长 150% 的基础上，实现出口 182.2 亿美元，同比增长了 102.3%，其中市场采购贸易出口 133.6 亿美元，占全部出口量的 73.3%。进口、转口和服务贸易稳定增长，到 2013 年分别达到 4.1 亿美元、29.29 亿美元和 43.27 亿美元，比 2010 年分别增长 1.6 倍、146.5 倍和 19.7 倍。在国际市场比较低迷、出口压力比较大的情况下，这么快的增长量，为全省发展做出了很大贡献。

义乌的发展，过去也好，现在也好，都是应该鼓励肯定的，令人敬佩的。显然，你们在这里工作，很辛苦，付出得也很多。但这种辛苦、这种付出也很值得。想一想，我们在一个领导岗位能有几年？要百倍地珍惜施展才华、干一番事业的机会和舞台。作为领导干部，重要的是把政绩写在民众的心中，写在大地上。现在来义乌的人很多，也是外国人知道中国最多的城市之一。名声在外，要如履薄冰，如临深渊，始终保持清醒头脑。

现在的义乌，无论改革还是发展，也无论是我们的认识还是实践，都处在转型发展之中，都需要进行新的创业。作为国家层面的国际贸易综合改革试点区，赋予了更高、更大、也更难的改革、发展的新使命。可以说，义乌正处于由创造“中国奇迹”向创造“世界奇迹”转变的“十字路口”，面临不进则退的历史性考验。

之所以这么说，一方面义乌有了向创造“世界奇迹”攀登的良好基础，但另一方面，我们离国际化、现代化的目标还有很大的差距。下面仅谈点不太成熟的个人感觉。

第一个感觉，义乌还不太像个都市，还没有一看就让人为之一振的那种都市景象，更谈不上国际化的现代都市，尤其城市管理稍感觉有点乱，这也许因为物流、车流、人流比较多的缘故吧。城市的建设和管理，还要下点硬功夫。虽然义乌发展已经很快了，基础也不错了，但城市是建设容易管理难，这是普遍的规律。即便城市建设，也是有些缺憾的。比如，街景、建筑物风格也需要特别讲究，要有自己的城市风格和文化。城市的领导者要管到街道的建筑风格，包括色彩格调，不仅仅只管区块，还要管到建筑物，采用什么色彩都要关注，那样才能管到位，才能上品位。

第二个感觉，城市的布局、建设也是传统型的比较多，还大多停留在传统市场型的城市风格。现代的市场型城市，是不是要有一个清晰而准确的定位以及应该有怎么样的情景，值得研究。

第三个感觉，就是国际辐射力还不够，特别是出口和进口不成比例，2013 年义乌出口总量达到 182.2 亿美元，进口额才 4 亿美元多一点。商品能出去，说明有竞争优势，但我们国家非常大的一件事，就是进出口贸易不够平衡。今年内国家的外汇储备总额可能要超过 4 万亿美元。这一方面是我们的骄傲，但另一方面也说明我们本事还不够大，外汇过多不见得都是好事。所谓全球化、国际化，从国际贸易、国际收支角度讲，是“我化他”和“他化我”两个方面的统一。如此来看，义乌目前的国际化还是有很大差距的，我们要“化国际”，也要“被国际化”，国际化是双向互动的，也就是“你化他”“他化你”的统一，那才是更好的。当然，作为一个省、市、县，出口量大于进口量也是正常的，没必要“半斤对八两”。但如果进口量更大，能提高国际产品在义乌市场的集散、辐射水平，那也是作为全球小商品集散中心、国际商贸名城的应有之义。

此外，如果从国际贸易体制、规则、商务、服务环境等软件国际竞争力来讲，我们离国际贸易的国际化城市，差距可能就更大了。

总之，义乌要在过去已有成就的基础上，努力再创国际贸易的现代化“世界奇迹”。而这才刚刚起步，的确任重而道远。

三、创建“全球小商品贸易中心”“国际商贸名城”的战略目标令人鼓舞

希望在前方，路在脚下。创造“世界奇迹”的过程，就是建设“全球小商品贸易中心”“国际商贸名城”的过程。

中央和浙江省委、省政府对义乌市国际贸易综合改革试点的指导思想、今后发展的总体要求已经十分明确，这就是：“以国际贸易为龙头，开展综合改革试验，赋予改革试点新内涵，推进转型发展新跨越，积极发挥国际贸易改革的国家级试点作用、城市经济转型发展的示范带动作用、小商品进出口贸易的国际平台作用、丝绸之路经济带和海上丝绸之路建设的战略支点作用，努力把义乌市建设

成为转变外贸发展方式的示范区、带动产业转型升级的重要基地、世界领先的国际小商品贸易中心和宜商宜游宜居的国际商贸名城，为建设物质富裕精神富有的现代化浙江作出新贡献，为我国全面深化改革和扩大开放积累新经验。”省委、省政府《关于深化义乌市国际贸易综合改革试点的若干意见》中的这段话，把义乌改革和发展的总体要求，明确概述为发挥“四大作用”，建设“四个目标”，而核心的目标是建设“国际小商品贸易中心”和“宜商宜游宜居的国际商贸名城”。

显然，这“四大作用”和“四个目标”，都是站在国家发展战略层面定位的，都锁定在了全球性小商品贸易中心和国际性的“商贸名城”。这样的战略定位和发展目标，是非常远大宏伟、令人鼓舞振奋的。今后，义乌要以此为战略方向，扭住不放，不懈奋斗。

实现上述战略发展目标，最重要的是务必依托小商品，依托商贸，形成以商贸为灵魂、为中心、为主体的国际化都市。经过长期的努力，有没有可能建成类似迪拜、香港这样的国际化大都市？如果实现了，义乌就不只是中国的“奇迹”了，是世界性的“购物天堂”，是以小商品贸易为中心的国际化都市了。那个时候的义乌商贸城，是国际性的、全球化的。虽然现在的义乌商贸城，使“中国制造”的产品推向了全世界，涉外企业有 5224 家，来义乌经商采购的境外人员有近 50 万人，常居的外商也有近 2 万人。但是，我们 2013 年的进出口总量还不到 185 亿美元，年市场总贸易额也只有 2800 亿—3000 亿元。我们要看到，光美国一个沃尔玛公司，2013 年的净销售额就高达 4661 亿美元，中国的苏宁云商 2013 年的营业收入也达到了 1052 亿元，而阿里巴巴电商销售额在 2012 年 11 月 30 日就突破了 1 万亿元。

同时，作为世界第二大经济体——中国的国家级国际商贸中心和亚太地区、全球性的小商品贸易中心和商贸名城，不仅总量还要做大，重要的还应具有更丰富的发展内涵。比如，作为国际性的小商品贸易中心，还应该是全球性小商品的聚散中心；全球性的小商品研发中心；全球性的价格指数中心；全球性的小商品国际贸易规则“话语中心”；全球性的网上网下购物中心；全球性的小商品会展中心；全球性的商务服务中心；全球性的国际贸易人才中心；等等。浙江省委、省政府更是高瞻远瞩地给义乌发展提出了“宜商宜游宜居的国际商贸名城”的战略目标。没有“宜商宜游宜居”，没有优良的商务、生活环境，要想真正成为全球性的小商品贸易中心和国际化的“商贸名城”，是难以想象的。

实现上述目标是非常艰巨且长远的事。目前阶段，要围绕这个目标，做足做深做透“商贸化”“国际化”这两篇大文章。小商品是根，商贸是本，它们是义乌的竞争资本，是义乌的“看家本领”，是义乌的发展特色和优势。这个永远不能丢。义乌要商贸、商贸、再商贸，要国际化、国际化、再国际化。这两个是灵魂性的东西。围绕这两个内核，各种措施要跟上去，做好各方面文章。其他的如电商、市场是平台，产业是基础，城市是环境，空港陆港是通道，体制机制是保证，等等，都要围绕上面两个“根基”来展开。

总之，义乌今后改革、发展的战略目标，是令人振奋的，也是需要长期拼搏奋斗的。

四、扭住试点关键，抓实工作重点

义乌改革、发展的任务很重，可谓艰巨而繁杂，必须更加突出关键和重点。最近，省委书记夏宝龙专门阐述了“十个工作方法”，值得我们学习并运用于工作实践。

省委、省政府明确要求：义乌要完善经济社会管理体制和机制，在国际贸易综合改革取得突破的同时，同步推进相关领域、特别是政府机构及管理体制的改革；要围绕提高国际贸易便利化水平，加快形成以开放促改革、促发展、促转型的便利化国际贸易体制；要围绕培育内外贸结合的商品市场试点，做大做强市场经营主体，构建国内贸易与国际贸易、进口贸易与出口贸易协调发展的体制机制；要围绕网上网下市场融合互动发展，创建国家电子商务示范城市，打造全球网货营销中心、全国网商集聚中心和跨境电子商务高地；要围绕义乌国际陆港和航空、铁路口岸建设，争取成为全国国际陆港首批试点城市，积极创建国家级示范物流园区，加快推进保税物流中心（B 型）建设，使义乌陆港具备始发港、目的港和综合保税区功能；要围绕促进市场和产业联动升级，充分发挥贸易流通对经济发展的先导作用，完善贸工联动发展机制，形成现代服务业和先进制造业双轮驱动的发展格局；要围绕全面提升创新驱动发展水平，创建省级高新技术产业园区和创新型城市，构建有义乌特色的产业技术创新体系；要围绕财税、土地、人才、金融等发展要素资源，优化发展环境，提升保障能力；要围绕提升国际商贸城市承载功能，高起点修编市域总体规划，优化城市功能布局和形象设计，完善城乡发展一体化体制，高水平建设百万人口大城市；此外，还涉及社会治理体制的改革。总之，改革、发展、管理等任务都十分繁重。这就需要讲究工作方法，集中力量，抓住关键，抓住重点。

第一个重点，当然首推体制机制改革。当前的要害、难点就是体制机制问题。发展受制约的主要问题，就是改革要解决的问题，也就是要变革那些落后了的体制机制问题。可是，体制机制涉及的范围很广，内容很多，需要在全面深化、统筹推进的同时，分轻重缓急，突破关键。关键在哪里？义乌既然是国际贸易综合改革试点，那关键的地方，自然是国际贸易体制机制问题。国际贸易体制机制的内容也很多，作为市、县一域来开展国际贸易体制机制的改革试点，目前比较现实的重点，就是要突出“便利化的国际贸易体制”，或者说在“国际贸易的便利化”上做文章。找找看，还有哪些不便利？哪些是当前最突出的“不便利”？围绕这个去拓展，去突破，去争取政策，容易找到共同点，争取支持，又为企业创造了更低成本、更便利的贸易环境。义乌在商品的集聚方面、市场结构功能方面、产业配套方面、政府执政能力等方面，是有相应竞争力的。但要保持这些优势，提升发展水平，要害是服务的便利化，也就是创造最便利的环境。围绕这个关键问题去全面深化改革，义乌才能继续拓展路子，才能立于不败之地，也才能创造出世界奇迹。

第二个重点，是争取形成改革试点的高层协调机制。义乌是国家级的改革试点，又是国际贸易方面的，而且还是体制机制的“综合改革试点”，理应属“国家层面”的体制机制问题，涉及的多数改革内容，也属于“国家级事权”，要让地方省一级，尤其是市县一级来推进试点，难度自然可想而知。这难度简直如同“小马拉大车”“蚂蚁啃骨头”一样。因此，义乌深化改革的“难中之难、苦中之苦”，就是“小人物要办国家级的事”。解决的有效办法，就是争取建立义乌国际贸易综合改革试点工作的省部协调机制。这可是“体制中的体制”“机制中的机制”。我认为，其他意见要求可以少提甚至不提，但省部级联席会议的工作协调机制建立起来了，那才是关键，才是杠杆效应。

第三个重点，是突出办好一两个会展活动。目前，义乌的会展等活动载体非常多，数了一数，大大小小、各门各类有 10 多个，这些活动载体可以评估一下，有好效果的就坚持完善，有些可以整合的就整合。在此基础上，突出重点，集中力量办好一两个国家级、国际性的大型会展，比如，“世界商会大会”“世界电商大会”，重在提升全球辐射力和国际化水平。

第四个重点，是千方百计提升国际化水平。义乌商贸城从城市形态来说，现在还不是中国的大都市，更谈不上国际性城市，但它的市场、商贸的国际辐射力和影响力，达到了全国性和一定程度的国际性层面，而且还在不断提升之中。其中最主要的小商品的出口量在不断扩大。商品出口是义乌的优势，需要长期坚持。近几年又通过市场采购贸易方式的改革和大力发展电子商务，出口贸易又有了新的发展。接下来，提高贸易国际化水平，在抓好出口贸易、“走出去”的基础上，应该拓展进口贸易、“走进来”的功能。讲国际化，不能只跳“独角舞”，要跳“双人舞”。中国的市场巨大，13 亿多人口，顶得上多少个国家的市场！有人开玩笑，以前买东西去上海、杭州，现在买东西要去英国、美国了。为什么？除了我们兜里有点钱外，主要是境内外市场差价很大。我们内地市场两万元一套的衣服，到美国两三千元就能买到了，而且是同一品牌的。现在人民币在国内的购买力反而比国外低了。这意味着国内市场的消费水平高了。从发展水平来说，这在经济学上是不合理的。国内的大妈们纷纷去国外买东西，这是个很大的问题。把这个问题解决好，办法之一，就是扩大进口。国内这个市场非常大，对人家也很有吸引力，对我们也有很多商机。刚才你们讲到，要搞韩国馆、东盟馆、非洲馆之类的国际商品“窗口”，就是要多引进来。这是很好的方向，吃穿用的东西无关意识形态，有些文化产品也可以引进。韩剧不是公开播吗？这篇国际化文章怎么做？是不是也可以作为一个重点来谋划？国际化的商贸活动，应该是有来有往的。

第五个重点，抓紧布局网上网下、境内境外的全球性商贸网络。现在比较大的一件事，是在全国和世界各地要布下义乌的“天网”。义乌是小商品的世界“总部”、全球“中心”，必须有世界各地的“终端”。要千方百计通过各种载体去布网，撒下一张“天罗地网”。现在，省里也在搞跨境的销售中心，包括跨境的电子商务，正在出台政策。这个搞好了，可能又是“黄金万两”，推动浙江新发展，也会促进义乌转型升级，形成新的市场业态。当然，网络可以是无形的，也可以是有形的，这方面可以借助华侨等力量，大有文章可做。非洲、世界各地的市场空间很大。去年我到坦桑尼亚考察市场，那里比我们落后很多年啊，他们的郊区到处是路边的摊点市场，产品档次也不高，充其量相当于我们 20 世纪 80 年代水平。如果义乌市场走出去，是有很多商机的。当然，我们也要到发达国家建营销网络，编织好了全球性这张“天网”，意义深远。义乌正在以品牌、管理、服务、资本为纽带，积极发挥“母市场”效应，构筑辐射全国乃全球网货营销中心，打造全球的市场分销网络；也正在积极打造全国网商集聚中心和全球网货营销中心，加快发展跨境电子商务，都是很有前瞻性的。

第六个重点，是依托“一带一路”打开新通道，推进新发展。建设丝绸之路径济带和海上丝绸之路，是我国新时期一个重大的国际性倡议，具有重要的政治、经济、文化、外交等国际性、全局性意义。义乌也正在积极对接国家“一带一路”倡议，创造条件开通“义新欧”国际铁路集装箱运输平台和宁波港铁海联运专线。此事意义重大。如果在东亚、中东、中非一带，在土耳其、伊拉克、叙利亚等这些国家的陆路通道打通，我们义乌的商品就可以更多地直接出去，那就形成了与海上丝绸之路“比翼齐飞”的陆路通道。历史上这些地方是很有趣的，现在是世界上最不稳定的地区之一，但至少对现在的义乌来说，多数商品就出口在中东一带，相信今后仍将是义乌商贸的主战场之一。历史上，土耳其一带在14—15世纪形成了强盛的奥斯曼帝国，它把欧洲与非洲、亚洲的陆路通道切断了。但亚洲，特别是印度，当时有充足的香料，而香料是当时欧洲贵族们的“奢侈品”，类似于现在的黄金那么珍贵。于是，欧洲人只好寻找海上通道，开辟了海上新的航线，这就是当年可歌可泣的航海大探险，而且还发现了不少“新大陆”。世界上各个洲的海上丝绸之路就是那个时候打通的。当然，那时候的航海技术也达到了相应水平，而且还有一批航海探险家。也正是从这个时期开始，我们人类才真正开启了世界全球化时代，于是才有了这五六百年来，世界诸多大国强国此起彼伏、争霸世界的格局。中东那个地方的文章值得好好做，借助它，作为一个中转、一个枢纽，可以八面玲珑，市场空间回旋余地很大。那里，陆地上可以过去，海上又可以通达，是海陆的汇合处。所以，接轨国家“一带一路”倡议，对义乌改革发展、建设全球性小商品集散中心和国际商贸名城，的确是有长远意义的。

当然，还有很多其他的重点工作，都需要做实做好。但市委、市政府在一个阶段里，要注意方法，抓住重点难点来带动全局工作。现在，目标蓝图明确了，思路理念清晰了，方针政策也有了，关键是怎么推进的问题。最大的难点重点，是怎么落实、怎么落地。你们就难在这里、苦在这里。义乌工作不能按部就班，不能“平平淡淡”。你们肩上责任大，任务重，但也可以干一番事业，人生可以很有光彩和价值。

五、对再创发展新奇迹的几个建议

在调研考察了市场和听取了你们情况介绍后，并结合你们提出的几个问题，我也有几个不成熟的建议，提出来一起讨论交流。

第一个建议，就是我们要瞻前顾后，了解一些世界经济社会发展大势，知道人类发展进步的基本动力。义乌现在很好，未来30—50年、100年会怎么样？我们要对当今世界经济技术发展结构及基本趋势有所了解，明确改革、发展的着力点。我认为，从现代经济技术发展动力结构的宏观角度讲，是一个如同飞机起飞的“一体两翼两平台”的结构：“一体”是实业、实体经济，如同飞机“机身”；“两翼”是现代科学技术和现代金融，如同飞机装有发动机的“左右翅膀”；“两平台”是城镇化和市场制度规则（包括法制），如同机场的“跑道”和飞机起飞的组织指挥、制度规则。其他要素都比较可以理解，但对金融作为“动力一翼”可能不太熟悉一些。大家知道，生产出来的产品到市场上流通交易，产品就商品化了，但商品化的基本条件是货币，而货币的商品化、市场化，就要金融化、资本化。货币、金融是现代经济的血液和核心，是组织调控经济运行和推动经济发展的基本动力之一。

第二个建议，就是创造贸易便利化，离不开市场机制，需要有专业化的大公司。政府或半政府性服务组织、平台可以有，但不能垄断。要创造多种多样的条件，培育多种服务平台，让市场充分竞争。对为贸易便利化服务的企业平台，政府既要鼓励支持各种“星星”，同时更要有“月亮”，突出骨干“月亮”，使其形成规模效应，创造低而优的便利环境。像义乌港以及作为面向中小微企业的大型外贸综合服务平台——“一达通”等公司，能提供通关、退税、商检、外汇、物流、金融等一站式服务，有较为丰富的经验，能降低中小微外贸企业交易成本，提高通关效率，完善金融、物流和诚信服务。对这些有实力、有经验、有品位的骨干服务平台，支持也容易见成效。

第三个建议，就是要关注研究“嘿客”现象。“最后一公里”通常是各种“流”的瓶颈，也是物流的瓶颈。为此，众多快递企业以及各大电商纷纷使出浑身解数，试图加以破解。从 2013 年开始，京东、圆通、韵达、顺丰等电商和物流企业纷纷开设快递自提柜，遍布高档社区、大学校园、地铁站等区域。然而，从实际体验效果看，快递自提柜虽有节省人力、全天候运行优点，但同样面临投入大、营利慢，且不能实现全品类覆盖的缺陷。为此，顺丰创新自提模式——推出了“嘿客”，并于近期开张试运营。“嘿客”除快递物流业务、虚拟购物外，还包括 ATM、团购 / 预约、洗衣、试衣间、家电维修等多类业务。“嘿客”店内的海报、二维码墙上都放置虚拟商品，可通过手机扫码，店内下单购买。这种模式与英国最大的 O2O

电商 ARGOS 十分相似，但与 ARGOS 不同的是，“嘿客”除试穿试用的样品外，店内不设库存。据介绍，“嘿客”标配的 JIT（准时生产方式）预约服务，顾客不用支付货款即可向商家预约，待商品到店进行体验后再购买付款，无论购买与否配送均由顺丰承担。这种将物流优势延伸到商店销售，或者说生产—配送—消费一体化的模式，会不会成为趋势？有没有广阔的发展前景？会带来什么新业态？对义乌商品市场会带来什么影响？义乌市场如何与此类经销模式对接？也是值得关注研究的。

第四个建议，就是义乌改革任务繁重，发展趋势令人鼓舞。但工作要求、起点也很高。怎么做到全球化视野、国际化的眼光？怎么把国际与国内发展、内贸与外贸、网上与网下、商贸与制造、科技与产业、金融等要素与经济社会发展、生产与生活、经济与文化、城市与乡村、发展与治理、市场与政府等工作结合好？需要有得力的智库提供服务和支撑。智库可围绕着打造全球性小商品贸易中心和国际化商贸名城，立足于中长期提出一些前瞻性理念或可操作的思路。30—50 年以后的义乌商贸市场又会是个什么样？俗话说，人无远虑必有近忧。我就有一个担心，义乌市场是已经由小商品专业市场提升到了城市的“商贸”阶段，但在商贸的基础上又该发展什么形态的市场？我认为，可能是“商务”形态的。“商务”比“商贸”形态更高，这如同“商贸”比“商品专业市场”更高一样。将来义乌市场的发展趋向是不是要从商贸发展到商务？还有，在商务的基础上又是什么形态呢？现在还没有研究透，很可能就是和旅游、生活、文化、生态环境结合在一起的更综合、更高级的形态。但它们的根还是商贸、商务，你们就要吃别人没吃过的，试别人没试过的。

商贸聚散度是义乌市场现阶段的核心竞争力，今后还有什么其他的竞争力？其实，贸易便利化实现之后，还是特别需要向环境方面使劲，所以，义乌的综合环境要上去，环境要非常好。以此长远来说，义乌城市有一个非常大的缺陷，就是纯内陆城市，离海比较远，缺海缺湖缺大江大河。这是一个弱点、一个软肋。要真正做百年不倒的义乌城，务必防范“三十年河东三十年河西”现象。义乌走到现在不容易，但衰落下去倒是很容易的。这需要瞻前顾后，防患未然。而这就需要有智库，有前瞻性意见，提出有见地的建议。

第五个建议，就是有关立法问题。义乌的改革、发展需要法治的支撑，有立法的需求和必要。浙江省人大有地方立法权，对你们的要求将作为重点问题来处理，可以考虑作为省人大常委会法工委近期选题的重中之重。但立法是个非常复杂的过程。作为地方立法，有一个先决条件，就是不能同上位法相抵触。温州民间融资为什么地方可以立法？那是国务院明确授权地方可以立法。如果中央有态度，说义乌改革试点可以地方立法，那么，好多问题就容易解决些。义乌改革试点中凡涉及地方权限需要立法的，可以梳理提出来，我们一起调研讨论，条件成熟了就向省委、省政府报告。但涉及全国人大、国务院及相关部委办的法律法规，我们只能去反映，提建议。总之，作为省人大常委会和法工委，我们会尽全力做好相关的服务工作。

好了，我就讲这些。纯属个人想法，而且不一定正确，仅供参考而已。

（本文根据作者 2014 年 7 月 8 日在省人大常委会组织召开的义乌国际贸易综合改革试点工作调研会上的讲话整理）

第八篇

把绿水青山转化为金山银山

非常高兴参加武义县“绿色崛起”战略研究课题汇报会，这是个学习的好机会，可以使我们进一步了解武义生态文明建设的情况以及基本县情和发展趋势。武义县为探讨发展战略问题，组织了三个课题组同时开展研究，这说明武义县委、县政府对自身资源优势和未来发展走向问题是高度重视的。

大家围绕武义县“绿色崛起”这个课题进行了多角度的研究。我想，研究探讨这个问题，我们实际上是在学习领会、贯彻落实党的十八大和十八届三中全会关于加快生态文明建设的有关要求和全面深化改革的决定精神，尤其是大家一起进一步深入学习领会习近平总书记关于生态文明建设的重要讲话精神。大家知道，习近平总书记在浙江工作期间，对生态文明建设很早就提出了许多重要思想，特别是提出了“我们既要绿水青山，又要金山银山”“绿水青山本身就是金山银山”的精辟论断。习近平总书记曾告诉我们，绿水青山与金山银山，本身应是统一的；一旦出现矛盾，我们宁要绿水青山，不要金山银山。当然，从根本意义上讲，绿水青山本身就是金山银山。我们现在开展“美丽中国”建设、“美丽浙江”建设、“美丽乡村”

建设，都体现了这一重要思想内涵。

在这样的前提下，我们确实应看到，生态文明建设是一个非常重大的课题，要花大力气解决好。绿水青山怎样转化为发展的资源、怎样加快可持续发展、怎样加快推进富民强县步伐？也就是绿水青山怎样转化为金山银山？这是一篇非常大的文章。我们探索这个问题，回答这个问题，在实践中解决这个问题，事关全局，意义重大。

事实上，浙江也好，全国也好，经济社会发展到目前这样一个新的阶段，都面临着这个课题，也就是经济社会发展如何更好地与自然生态环境相和谐，生态环境资源怎么转化为发展的资源和优势问题。通俗地说，就是既要守住一方绿水青山，又要发展富民。从长远来看，生态环境与经济发展肯定是统一的，但从短期来讲，要统一往往有一定的难度。一般来说，发展早的地方，生态环境一定程度上会被破坏多一些，这是工业化、城镇化、消费社会的一大通病；而现在生态环境比较好的地方，通常工业化进程、城镇化进程又相对滞后，也就是欠发达的地方。但是，经济社会发展到今天，我们一定要把两者真正统一起来，既要防止经济发展对生态环境造成新的破坏，又要将环境资源转化为发展的资源。所以，我认为，探讨这个课题是十分必要的，也是很有意义的。

听了三个课题组的调研报告后，感到总体上都不错，课题组的同志们花了很多心血，动了很多脑筋，贡献了很多的智慧。三个课题组有以下四个共同的优点：一是大家都在理解、阐述、解释、宣传一种很好的理念，就是生态文明的理念，而且大家对生态文明理念的理解在不断深化；二是大家都看到武义的生态资源是未来发展的最大的、最宝贵的资源，是潜力、优势所在；三是大家都觉得武义的生态文明建设应该有更高的起点、更高的要求和更高的目标，比如，“生态高地”“绿色崛起”等这样一些提法，就是提出了更高的要求，同时也提出了很多发展的路径、措施和建议；四是大家都认为，武义县今后生态发展的关键，是要抓住旅游、养生等方面的内容，要有重心、创特色。这些都是非常好的见解。

此外，几个课题的报告中还有不少亮点。比如，除了指出武义生态环境方面具有的优势以外，还指出了存在的问题，这对今后武义的发展决策同样具有重要的意义。武义要从一个更长的历史跨度、更大的空间范围，来进一步分析自身的优势和劣势，从而使决策更具科学性。再比如，用货币化的价值（价格）来体现生态环境的价值，从而使得生态资源具有可比性，这也是很有启发性的探索。还有，围绕生态高地提出的十大战略指标，具有很强的针对性和操作性；围绕武义的绿色产业、绿色经济方面，提出了一些很好的思路、办法、载体；对武义的历史文化也作了较深的研究；等等。总之，这三个课题报告都不错，各有亮点，各有侧重点，非常感谢你们。对我个人来说，也是一个很好的学习机会。

下面，我结合平时的思考，简单地跟大家再交流一下几个问题。

一、推进绿色发展、实现生态富民的目标和思路，适应了人类经济社会发展的必然趋势

课题组的几个报告中，都谈到了人类经济社会的发展趋势。我们把绿色发展、生态富民这篇文章做好了，实际上就是我们主动来适应这样一个发展的趋势和要求。

我们知道，从人类进程的角度来讲，首先是部落文明，之后是农耕文明，再进入了工业文明，然后到现在是生态文明这样一个历史文明的发展过程。当然，这还有争论，但农耕文明转入工业或者说工商文明，已为世人共识，有争论的是工业文明之后转入什么形态的文明。有人讲是知识文明，但更多的人认为是生态文明。不管怎么提法，从发展趋势来看，传统工商文明是建立在高能耗、高排放、高污染、高消费基础上的一种大机器生产方式和生活方式。现在，虽然人类总体上仍处于工商文明的发展阶段，但生态文明确实已经显得越来越重要了。

从人类和自然的关系角度来讲，早期人类原本是惧怕自然的，对自然界长期处于一种恐惧的状态之中，属于一种被动适应、屈从并主要依靠部落群体方式而生存的阶段，即部落文明时期。后来，人类一步步适应自然环境，学会利用自然力量，慢慢进化到了农耕文明时期，可以说就进入了一个适应自然和主动融入（有了部分人化改造）自然的发展阶段，并以农耕劳作为基本形态。第三大阶段是所谓的改造自然、征服自然的工商文明阶段。在这个阶段，以大规模生产、加速化发展为主要特征，整个人类文明加速发展。原来农耕文明主要是一种自然循环式进行的生产方式，“投入产出”的周期跨度很长，但到了工商文明阶段，整个人类的生产方式呈现出加速化、规模化、批量化的状态。这样，就需要有大量的能源、资源来支撑生产及大规模的市场需求。这个阶段，人类以强大的力量去改变自然，甚至去“征服自然”，大有“人定胜天”之势，但自然界很快以自己的方式“反击”“惩罚”我们人类。所以，工商文明之后，我们人类不得不开始反思传统的工商文明方式，进而提倡以保护自然、保护地球、保护气候环境进而改善人类生产方式和生活方式为主导的生态文明。生态文明要求我们人类要尊重自然，自觉主动地与自然界相适应，追求天人的和谐统一。这是在否定之否定基础上主动适应自然的文明形态，它是在农耕文明、工商文明基础上的“适应自然”，是更高形态的人类生存和发展的文明形态。

但迄今为止，我们人类还没有真正形成以生态文明为基本特征的一种比较成熟的发展模式，目前尚处于探索阶段。不过，这种“探索”已不只是局部、个别国家的探索，如今已成燎原之势，成为全球性的现象了，因而成为一种发展的必然趋势。

生态文明建设的关键，在于真正形成整个人类的生产、生活建立在低能耗、低排放、可循环、再利用、可持续基础上的一种发展方式，其要害，是能不能形成再生资源和生态优良的环境来支撑整个人类生产、生活系统。

我们知道，西方发达国家在17世纪手工业取得重大进步的基础上，18世纪中叶以蒸汽机的发明和使用为主导标志而开始发生了工业革命，从而推动社会生产力快速发展，社会财富加速积累，人们追逐财富的心理和积极性空前高涨，各种发明创造如潮水涌动，工商产品五彩缤纷，商品流通和商品市场迅猛扩大。这就是我们常讲的资本主义工商文明几百年创造的财富要比过去人类几千年创造的财富还要多得多的巨大历史进步的景象。

人类工商文明发展方式虽然带来了社会生产力的巨大变革和科学技术的迅疾进步，但也导致了许多社会和生态环境问题。

近代的工商经济发展导致的直接后果之一，就是社会阶层结构发生了巨大变化，在资产阶级登上历史舞台的同时，也造就了另一个日益庞大的新兴阶级——工人阶级（无产阶级）的诞生。资本家阶级与工人阶级既有利益的共同性，也存在着矛盾性，当工人日益成为资本家榨取剩余价值（利润）的工具、劳动异化为违反人性反自由的痛苦行为、贫富差距日趋扩大时，工人阶级对资产阶级的反抗便逐步演变为自觉的工人运动，即社会主义思潮及革命运动。特别是19世纪中后叶，工业文明或者说工商文明的发展模式带来的严重负面问题。机器生产大规模推行后，人（工人）成了机器的附属物，成了机器的奴隶，不是机器为人服务，人成了机器的一个部分、一个螺丝钉，而且社会贫富差距（资本家与工人）快速两极分化。同时，社会保障严重滞后等问题也十分突出，进而社会矛盾、特别是资本家与工人的阶级矛盾非常集中。这样，自人类社会产生以来似乎天然就存在的公正、公平、正义需求（包括平均主义），又一次空前激烈地走到了历史前台，社会呼声不断高涨，思想界、学术界开始反思，批判社会现实思潮愈演愈烈，同情工人、平民疾苦的思想舆论一浪高过一浪，人们从各种角度去寻找“破坏旧世界、创造新世界”的“救世良方”，各种思想学说及社会运动纷至沓来。“社会主义”思想理论及后来的社会主义运动，这是其中一种影响越来越大的思潮并日益与工人运动及其政党活动相结合，最终成为由空想到科学、由理论到实践的历史大潮流。马克思通过科学分析商品的内在属性和资本的内在运动规律，揭示了劳动创造商品价值和剩余价值、财产个人私有与社会化大生产的内在矛盾，进而无产阶级联合起来埋葬资本主义的必然逻辑，建立了科学社会主义学说。列宁等共产党人运用马克思主义理论，结合俄国实践，发动了“十月革命”，取得了由社会主义科学理论到革命运动再到建设社会主义实践的伟大创造，开创了人类历史发展的新纪元。但后来由于逐步陷入僵化的发展模式等原因，导致苏联解体和苏联共产党丧失政权。中国社会主义革命和建设实践经过艰苦探索，特别是经过改革开放的伟大实践，逐步形成了富有中国特色的社会主义理论、道路、制度和文化，并不断丰富成熟，充满生机活力。我们可以十分自信地期待：中国特色社会主义将引领我们实现中华民族的伟大复兴，也将开创人类文明发展的新道路。

工业化、城市化不但带来了社会阶层结构和社会形态的巨大变革，而且到了 20 世纪三四十年代左右，对自然资源的吞噬式开发利用和对生态环境破坏的后果，也开始集中爆发出来。当时曾引发了一系列生态灾害事件，如伦敦雾都等八大环境公害事件的爆发。由此也引起我们人类从自然生态环境角度对工业文明弊端的反思。到了 20 世纪五六十年代特别是 70 年代，这种反思达到了新的高度。最早理性地看到这类生态危害的是美国生物学家卡逊，他在《寂静的春天》一书中，从农业角度阐述了各种农药滥用对自然环境造成的严重恶果，并指出，生态环境如果不解决好，人类将生活在“幸福的坟墓”之中。1972 年，环境保护运动的先驱组织、著名的罗马俱乐部发表了《增长的极限》，警示世人：人口与经济的快速增长、资源的快速消耗和环境的严重污染将使地球的支撑能力达到极限。这些理念引起了强烈反响。世人开始逐步形成共识，并不断重视对环境资源的保护。1972 年在斯德哥尔摩首次召开的联合国人类环境会议，鲜明提出了“只有一个地球”的口号，这成了世界环境保护史上的转折点。之后，联合国每年都召开可持续发展大会、世界气候大会，环境问题上升到了国际化的高度。

毫无疑问，工业文明为人类文明发展做出了了不起的贡献，它创造了一个新的世界。但它同时也带来了很多自然的、社会的问题。在思想文化领域，人们从哲学的视角进行了反思。西方近代以来原本是以人为中心的人文主义、人道主义占据着主导地位，也就是立足关注人自身而不太关注自然的人本主义。后来，觉得不能因为对人的关注而对自然界过度开发、更不能去破坏，从而对人类中心主义开始怀疑和批判。所以 20 世纪七八十年代后，以人为中心的人本主义已不再属于现代西方的主流思潮。用我们今天的哲学理念来讲，就是人类要做到合规律性、合必然性与合人类目的性的统一，才是解决全球生态环境困境的根本出路。人、自然和社会这样一个大系统要尽可能地和谐统一起来。在我们中国，现在就体现为“中国梦”“美丽中国”“绿水青山就是金山银山”等战略思路和理念。以习近平同志为核心的党中央提出的创新、协调、绿色、开放、共享的新发展理念，可谓是人间“正道”，是解决当代世界全球发展困境的“中国方案”。

因此，武义县下决心狠抓绿色发展，就是以实际行动在贯彻中央的重大决策，在落实省委的“八八战略”，也是推进“两富浙江”“两美浙江”，以及“五水共治”等一系列转型升级决策部署的生动体现。

总之，我认为，绿色发展，生态富民，适应了人类经济社会发展的必然趋势，响应了习近平总书记、党中央的号召和要求，体现了省委的重大决策部署，方向是对的，要大胆地干，大胆地往前走。

二、加快推进绿色发展、实现生态富民完全符合武义县情和群众愿望

刚才，三个课题组的报告，都对武义县的主要发展优势作了梳理，包括地理位置、资源禀赋、历史文化等方面，特别是生态环境的优势，进行了比较深入的阐述，同时也分析了武义县人民群众在发展方面的愿望和要求。应该说，武义县绿色发展、生态富民这样一个思路和目标，上符合中央要求、下符合武义县情，是与武义的资源优势和民情民意完全契合的，一定要坚持不懈、一以贯之地抓下去。

同时，我还认为，除了这些天然的优势外，武义县通过这些年的发展，已经有了很好的产业优势，特别是在旅游、温泉资源等方面，具有相当的知名度。现在的武义还有一批与生态文明密切相关的企业，比如农业方面的田歌、更香茶等企业，养生方面有寿仙谷等企业，这些企业都是以生态为基础的。此外，刚才课题组提到的，武义还有一个全省的主体功能区的规划优势。武义是省级生态经济地区，介于省级重点开发地区和重点生态功能区之间，既要保护，又可开发。如果全部保护，就不允许过多开发；如果重点开发，生态环境肯定要受到一定的损益。武义介于两者之间，就有一定的伸缩余地，在保护的前提下可以多开发一点，这也是武义生态发展的重要优势。

三、全面树立绿色发展、生态富民的理念和思路

在课题组研究成果的基础上，我认为，武义县要走出绿色发展、生态富民的新路子，应当从以下几个方面着力：

第一，发展理念要全面生态化。要始终坚持生态优先，全县、全民、全域都要树立生态化理念，全面推进全域生态化建设。无论是机关干部，还是人民群众，以及各个行业、各类群体，都要把生态的理念渗透到经济社会发展的方方面面，使武义做到全域生态化、全行业生态化、全民生态化。

第二，战略思路要全面生态化。生态立县这个理念非常好，武义要把它作为龙头，紧紧扭住不放。你们提到的生态立县、工业强县、科技兴县、旅游富县，还有富强武义、宜居武义、幸福武义、生态武义、和谐武义，所有这些战略、思路，都要全面体现生态化。也就是说，要把生态立县作为基本的战略、基础的战略，所有的发展都要建立在生态的基础上，唯生态是从，这样才能做足做好生态的好文章。武义长远发展的常态化轨迹，就是生态、绿色，要有这样的战略定力、耐性和韧性，坚持“生态立县”的战略地位不动摇，持之以恒地抓下去不松劲。前段时间，我到义乌去调研，义乌之所以能建设成现在这样一个国际知名的商贸城，就是因为 30 多年来，始终抓住市场不放，坚持商贸立市、市场立市。习近平总书记在浙江工作期间，就曾专门总结、推广过义乌的发展经验，其中重要的一条，就是义乌的历届领导班子，始终扭住商贸兴市，紧抓不放，一届接着一届干，一步一步地把文章做大、做强、做深。前不久我去义乌调研时（参见《浙江日报》2014 年 9 月 22 日《向着创造世界奇迹而奋进——关于加快义乌国际贸易综合改革试点工作的若干思考和建议》）曾给他们提出，改革开放 30 多年来，你们已经创造了中国奇迹，今后还应创造世界奇迹，真正成为世界性的商贸城市、国际化的商贸都市。武义也要学习义乌的发展经验，“生态立县”看准了，就要抓住不放，要以功成不必在我、造福千秋万代的心胸和气魄，一届接着一届干，坚持不懈地抓下去，走出一条可持续发展新路子。党委、人大、政府、政协要齐心协力，围绕生态立县、绿色发展，形成战略合力，共同做出贡献。

第三，发展规划要全面生态化。树立了生态优先理念，确定了生态发展战略，接下来就要做很多规划，县域全局的规划，功能区的规划，城乡格局的规划，产业的规划，还有各行各业，比如旅游的规划，等等。你们要把生态的理念、思路、目标，体现在所有的规划当中。各行各业的规划都要以生态为导向，围绕、遵循和体现绿色、生态的原则。要把生态化作为基本的要求，落实到规划中、描绘到图纸上、体现到条规里，最后落实到行动上、写到大地上，以此来推动武义的绿色发展。

第四，产业经济要全面生态化。要将经济发展和生态保护相结合，逐步实现全产业的生态化，三大产业都要生态化。你们不要担心这样能不能富民问题。生态化发展也是完全可以富民的。比如，生态农业，安吉县就是一个典型的好例子。安吉人均收入 1.5 万元左右，他们的生态产业——毛竹，八大系列几千个产品，人均就有七八千元，占到人均总收入的一半。所以，农业生态化要坚持下去。工业方面，所有的企业今后都要成为生态型企业，所有的产品都要往生态化靠拢。当然，能源结构调整有个过程，但要坚决淘汰那些藏污纳垢的、工业污水处理不合格的企业。开发区建设也要体现生态化。中国改革开放 30 多年来，开发区是一个了不起的体制机制创新。但开发区怎么搞，很有讲究。当年我在绍兴工作的时候，在调研开发区工作中，发现市所在地的越城区每个乡镇都各搞一个开发区。我觉得这样不对，虽然这也许能调动基层积极性，但却造成资源分散和浪费等严重后果，而且到处破坏生态环境。所以，我坚决要求他们整合、集聚，有重点地搞一个开发区。你们这里也一样，搞开发区一定要注意集聚。工业当然是要发展的，但工业企业和环保、生态不相适应的，该淘汰的就淘汰、该整治的就整治、该升级的就升级。增量方面，有明显污染的、环保不合格的，再大、再来钱的项目，也千万不要进来，不要只看一时一地；有存量的，也要尽可能地集聚和升级。今后，武义所有的企业都应该成为生态化的企业。要让经信委制定一个企业生态化的标准，明确生态企业是怎样的，该如何创建。同时，我们对企业，该服务的要服务，该解决的问题要解决，政策方面要给予积极引导。

第五，生活和消费要全面生态化。生活方式和消费方式，也是生态化的重要内容。现在，不够生态化的一个重要表现，就是我们的生活方式特别是消费方式存在问题。今后武义的老百姓，在生活方式和消费方式方面也应该是全面生态化的。比如，吃的方面，我们现在很多食品都大有问题。要让人们形成这样一个概念：茶叶也好，其他吃的东西也好，到武义就可以很放心地吃，或者说武义的食品就是完全放心的食品。如果能做到这样就很了不起。我们武义的百姓，也要让人觉得是一种生态的文明人，在生活方式、消费观念上非常讲究生态。我们要引导群众在行为和习惯上都体现生态、绿色，并且要打出品牌，让武义人也成为一种景观。我们要坚持环保优先，节约资源能源，解决好生态问题，改变我们的生活模式。美国人老批评我们的消费方式，我们也可以批评他们的生活方式。有一次我到美国去考察学习，他们的生态专家给我们上课时批评中国，说你们中国生态越来越恶化，二氧化碳这些年来增加了很多，都飘到太平洋，影响了东京、夏威夷、美国了，等等。他讲完之后，我就跟他说，你讲的是有一定道理的，我们中国现在是在工业化加快发展、赶超发展的时期，污染的确非常严重，但你也要看到我们正在努力解决。然后我向他提了两个问题：（1）你有没有算过，人均污染排放量，中国是多少，美国是多少？美国两亿人口左右，消耗了多少能源？我们的人均能耗和排放量你算过吗？我们中国人均要低于你们美国人均。（2）发展阶段不一样，你们美国是发达国家，利用高科技在全球分工当中赚大钱，然后又把低端的、有污染的这部分低端产业、低端产品都转移到欠发达国家去生产，所以从全球角度来讲，你们现在空气的改良很大程度上是以我们发展中国家付出环境的污染为代价的。你们的消费模式，是把污染都转移到我们发展中国家这里了，如果不转移到我们这里，都在你们自己这里，你以为你们会有这么好的生态环境吗？你们把一些落后的、有污染的产能，都转移出去了，等于污染也转移出去，转移出去你们赚了一笔，我们把产品再出口过来，你们又赚了一笔，但最后污染都转移到我们这边，留给我们了，产品你们拿去消费了。从这种意义上讲，你们美国人的消费是建立在我们的痛苦之上的，这个你知道吗？我们中国人是知道这个事情的，但我们过去没有更好的办法，因为我们要赶超发展，要补上工业化短板，所以我们拼命招商引资，欢迎你们的产能转移过来。这个你能理解吗？我讲完后他沉默了一会说，你讲的也是有道理的。这位美国老师还是通情达理的。课后，中国大使馆参加听课的人员还表扬了我的发言。大家想想，从全球角度考虑，要改善生态环境，西方发达国家的消费方式不改变行吗？第二次世界大战以来，全球形成了发达国家以消费为主，欠发达国家以生产、制造为主，还有中东等以能源供应为主的全球产业链分工模式，并支撑着整个世界经济的运行。这个实际上我们是吃亏的。过去我们没办法只好吃这个亏，今后能永远这样吗？当然，这是从全球角度来讲的，我们自己的生活方式、消费方式、行为方式，也要根据生态化、低碳化原则来改变我们自己，生态环保每个人都要从自身做起。

第六，环境要全面生态化。武义的自然环境是发展的一大优势，但还有大量的文章需要做足做好，需要我们继续加大工作力度，去保护、去修复、去整治环境。前面讲到的人类在哲学上的反思，人类中心主义（人本主义）和唯自然主义都是不可取的。我们不是人类中心主义，也不是纯粹的自然主义，我们需要综合地、全面地考虑天人关系。从人类发展角度上，怎样做到合目的性和合规律性的统一，是我们应当担负起的使命。我们要让人化的自然尽可能地生态化，使人化的环境和自然界的生态相吻合、相适应，也就是要做好环境生态化这篇大文章。当然，这里有很多工作要做，包括产业结构的调整、生态的修补，等等。

第七，城乡要全面生态化。我们的城镇、乡村，都要体现生态的原则，做到生态美、百姓富。现在污染最严重的是在城镇，工业污染、汽车污染、生活污染造成了城镇环境恶化。因此，一定要把生态文明建设融入城镇化发展的全过程之中。从规划到建设、管理的全过程，都要全面体现生态文明的理念，从而切实改善城镇的生态环境质量，创造良好的人居环境。要及时发现和协调解决城镇化过程中的生态建设问题，促进城镇绿色、集约、可持续地发展。当然，农村、农业、农田的生态污染也不可小视。

第八，文化要全面生态化。要重视文化的生态化，或者说生态文化建设。文化是一种根基、灵魂，是持久的、长远的动力。生态也应该建立在文化的基础上，才会是持久的、有魅力的。我们要深入挖掘武义独特的历史文化资源，高起点地打造有魅力、有特色的生态文化。

四、对加快绿色发展、生态富民的几个具体建议

第一个建议，要打响生态武义的品牌。品牌看起来是一个符号，但它具有整体性的内涵，能够体现一个地方经济社会发展的品位。发展需要品牌。武义现在已经有了一些好品牌，比如，中国温泉名城、东方养生圣地。但这个品牌的辐射力主要还是在省里或者邻近省份，在全国范围内的影响力还不够。要让宣传部门好好策划一个传播方案，确定宣传的目标和任务，用好电台、电视台、报刊、网络等各种新闻媒体，不断拓宽宣传渠道，用各种办法来打响生态武义的品牌。

第二个建议，要突出重点，抓住特色。发展生态经济，推动绿色发展，一定要突出重点，抓住特色。这个特色，我看有三篇文章可以好好做做，一个是生态农业，一个是生态旅游，一个是生态养生。当然还有其他方面的，但这三个是重中之重。要使整个武义全县生态化、全县旅游化、全县养生化、全县温泉化，其中核心是旅游。旅游是无烟的产业，你不要光看门票收入，它的整体带动效应是非常明显的，旅游这篇文章一定要有大手笔。总的来说，要重点

做好生态特色这篇文章，一定要把生态农业、生态养生和生态旅游作为重中之重，作为关键的关键，作为突破点，做深做透，做出名堂来。

第三个建议，要加快生态景区全域化建设。要把武义全县作为旅游大景区来打造，整个县，城镇也好，乡村也好，各个景点也好，都要体现旅游景观化，而且每个地方都要有各自的亮点和特色，每个地方都要有能引人入胜、吸引眼球的地方，实现村村如画、处处皆景。当然，这有个过程，需要有总体规划，然后再逐步推进。

第四个建议，要大力培育与生态发展相适应的企业主体。生态立县，发展旅游，一定要有市场的意识，要发挥好企业的主体作用，不能光靠政府来运作。要培育好与生态发展相适应的企业群体，同时要有几个龙头企业来支撑和带动，如养生方面的寿仙谷企业；生态农业方面的田歌企业；有机茶方面的更香企业；等等。县里可以把每个行业的龙头企业排出来，排个十大企业或者多少个龙头企业，让它们做好发展规划，政府给予支持引导。产业发展一定要由企业来落地，没有企业支撑，最后都是纸上谈兵。旅游方面，县里有旅委、旅游办公室，这些是政府系统的机关，光靠这些是不够的。武义要真正把旅游搞好，也应有大手笔，必须有一个类似旅游集团的大企业，由它来整合各种资源，具体进行谋划和操作，政府要把重心放到行业规划和管理上。旅游作为一个产业、一种经济，作为武义支撑的产业，这事关武义的绿色发展、生态富民战略，是整个经济发展的关键所在，必须推动旅游产业转型升级，靠旅游集团来进行市场化运作，做好品牌宣传，真正把武义旅游产业做大做强。

第五个建议，要科学合理利用自然资源，切实把生态资源转化为市场资本。这是一个非常大也非常难的问题。要把武义的生态资源转化为资产，资产转化为资本，资本转化为富民的财富。也就是说，我们必须对生态资源进行资本化运作。当代人类经济发展的基本动力结构，我的概括是两句话，第一句话是：一体两翼。一体是实体经济，两翼是现代科技和现代金融，这三者结合，就是现代经济的主要驱动力；第二句话是：一环境两平台，一环境是生态自然环境，两平台，一个是市场经济基础上的法规等社会制度、体制平台，还有一个是城镇化平台。以上六个要素谁结合得好，谁的经济就发展得好。所以，对生态资源，怎么和科技结合、怎么和金融结合，一定要深入思考，结合不好不可能富民。你们要探索生态金融这个课题，把生态资源进行资本化运作。资本化运作不是简单地把资源卖掉，这里面文章很多。比如，遂昌某个镇空气非常好，搞了一个空气拍卖会，就是把空气作为资本进行运作。你们这里的旅游资源丰富，怎么和资本结合起来，养生怎么和资本结合起来，要好好研究探索。我看过一本书，说的是不发达国家为什么不发达，贫穷的地方为什么贫穷？最大的问题就是没有把资产作为资本来发展。我们一定要树立这样的理念，把资产、资源作为资本来运作。今后的各种生态资源，包括水资源、空气资源等，都是财富，都要转化为市场资本，都要落实到生态富民的具体举措之中，成为推动绿色发展的动力。

第六个建议，要充分运用现代科技平台来发展生态。现代科技日新月异，其中最为成熟的、面广量大的，是建立在现代通信、网络、移动互联网基础上的信息化科技。我们的生产、生活，现在已经离不开信息化科技、离不开互联网、大数据了。只有运用好信息网络技术，才能更便利地创造新的财富。各行各业和网络一接轨，或者说“互联网＋”，就能迸发出新的业态、新的商机。可以说，网络已经在改变一个旧世界，同时在很大程度上也在创造一个新世界。今后跟不上网络世界是万万不行的，我们一定要搭上网络这个快车、高速列车。你不拥抱互联网，就将被互联网“抱走你”。我们的生态产业、旅游业，一定要把网络用好。网上推销也好，网络景观也好，都是促进产业发展的重要手段。今后来武义旅游，首先就在网上“游”。一定要用好这个科技平台，来推荐武义的旅游、生态。当然，其他的各行各业，也要和网络接轨。如果不主动接轨网络，等网络来接轨你的时候，再要发展就被动落伍了，再也赶不上趟了。如果不主动接轨网络，我们人也不是“现代人”了，而只是传统的、落伍的、掉队的、过时的人。

第七个建议，要重点研究怎样把绿水青山转化为金山银山。怎样把生态资源转化为发展的资源，怎样来富民？这是所有问题的关键和核心，这既是战略层面的课题，也是操作层面的问题，需要我们共同来深入探讨和破解。当然，围绕生态问题，生态产业是一个办法，同时还有其他各种各样的办法，但如何转化为“金山银山”，是一个根本性的、全局性的问题，需要通篇布局、整体谋划，要找准症结所在，打通关键环节。比如，要考虑吸引怎样的人群到武义来，该拿出怎样针对性的措施等。我建议你们可以借鉴整合外省、本省把生态优势转化为金山银山的具体做法，比如，资本化运作方面的经验，然后再结合武义的自身实际，把这篇文章做好。

总而言之，我们对武义的发展优势充满信心，对你们的未来前景和绿色发展、生态富民的战略充满期待。你们一定要跳出武义来谋划武义，要站在金华、全省、华东乃至全国层面来考虑自身发展。我们相信武义一定会取得新的发展成就，实现绿色崛起、跨越发展，走出一条生态富民的新路来！

（本文根据 2014 年 9 月 17 日在武义绿色崛起战略研究课题汇报会上的讲话录音整理）

第九篇

浙江省特色小镇建设的成效、问题和建议

浙商发展研究院（浙商智库）对特色小镇建设进程开展了为期一年多的跟踪调研。调研报告认为，特色小镇建设行动已成为全省上下推动经济转型升级系列“组合拳”中的一个极具特色的重大举措，产生了积极成效，正成为浙江引领经济新常态发展的一张“金名片”。从基本类型上讲，涌现了两大类型的特色小镇，即梦想小镇等一批新经济的特色小镇和桐乡濮院毛衫小镇等传统产业改造提升的特色小镇。从历史发展进程角度讲，它从一个具有战略和战术意义的层面上，回应了三个方面的重大现实问题：一是在大都市区引领下走怎样的城镇化道路；二是在市场起决定性作用条件下走何种制度创新的发展道路；三是在经济新常态下走何种产业转型升级道路。从目前发展成效方面讲，特色小镇建设在加快经济转型升级、加大投资产出增量、推进浙商回归、激活历史经典产业、搭建创新创业平台，以及探索创新城镇建设新路径，调动各级领导干部工作的积极性，拓宽工作思路等方面，都产生积极成效。

调研报告指出，在快速发展中也存在一些值得关注的问题，主要有：一是创建存在重数量轻质量的误区，多数设区的都市规划创

建30个左右特色小镇，相当部分的县市区甚至提出要创建八九个乃至十几个小镇的目标，据不完全统计，全省各地推动的各级各类特色小镇建设至少有470个以上，个别地方的小镇建设大有人为造新镇运动的苗头。二是建设中投入产出效益关注不够，实践中不同程度存在虚假投资、无奈投资、亏损投资三大现象。三是各地小镇同质化建设现象突出，一些地区竞相建智能制造、互联网、基金领域的小镇，目前全省各地叫基金小镇的不下十个。四是建设功能较为单一,一些特色小镇在生活、生产乃至文化等方面配套不够，导致产生“小镇里像欧洲，小镇外像非洲”的尴尬局面。五是省级特色小镇考核管理待优化。比如在认定标准、考核期限、考核方法等方面，各地多有反映。

调研报告就更加健康地深化浙江特色小镇建设提出了建议，强调要在特色中发展，在创新中成长，走出一条政府引导、企业主体、市场运作的发展新路子。具体建议如下：一要把国家特色小镇建设的要求和浙江特色小镇创建相结合，与各方力量共同培育打造一批产业特色引领、城乡高度融合的百年小镇；二要以创新未来和传承历史的两类特色小镇培育为重点，进一步加强小镇特色内涵创新；三要统筹城市文明和工业文明，把特色小镇作为反哺农业文明、推动城乡一体化的创新载体；四要因地制宜、分类施策，进一步加强评价考核方式的管理创新。特别就完善考核机制办法提出了五条具体办法。

自浙江实施特色小镇决策以来，浙商发展研究院（浙商智库）就持续关注特色小镇的发展进程。2015年7月以来，我们先后对梦想小镇、云栖小镇、玉皇山南基金小镇、临安云制造小镇、云安小镇、萧山信息港小镇、嘉善巧克力甜蜜小镇、德清地理信息小镇等特色小镇开展了实地调研，并在桐乡毛衫时尚小镇召开了专题研讨会。为更好地服务于浙江特色小镇建设，我们将特色小镇研究列为年度重点课题，成立了由院内外相关专家组成的课题组，开展了较为深入的调研，并派出资深记者对 9 个以浙商投资为主的特色小镇进行了案例剖析。现将调研主要情况和建议汇报如下。

一、浙江特色小镇战略意义和实施进展

从 2014 年浙江第一次提出特色小镇概念，到 2015 年 4 月省政府正式公布加快特色小镇规划建设的指导意见，再到先后公布两批遍布全省特色小镇创建和培育名单以来，特色小镇建设行动已成为全省上下推动经济转型升级系列“组合拳”中的一个极具特色的重大举措。

事实上，特色小镇的提法在国内并不是浙江省首创。多年前，北京、天津、黑龙江、云南、江西等多地也曾提出要打造特色小镇，但这些小镇建设基本上是从小城镇发展战略层面衍生而来的。以“特色小镇”之名来推动传统建制镇建设的发展模式，从实践看，并未取得预期效果。与此不同，浙江特色小镇的灵感来自于国外小镇，如瑞士达沃斯小镇、美国格林威治对冲基金小镇、法国普罗旺斯小镇。这些小镇长盛不衰的产业特色、历久弥新的独特文化韵味、充满魅力的生态环境，给正在探索转型升级中的浙江发展，带来了深刻启迪。

浙江特色小镇建设也因为融合了国外小镇产业特色和国内特色

城镇建设的双重内涵，从自身实践出发，为特色小镇这个“旧概念”赋予了全新的时代内涵和浙江特色。截至 2016 年 10 月，全省分两批共创建 78 个特色小镇。短短两年不到时间，浙江特色小镇发展已初显成效，引起中央的高度重视和社会各界的广泛关注，正成为浙江引领经济新常态发展的一张“金名片”。

我们认为，浙江的特色小镇战略实施是顺应发展趋势的主动选择，是推进供给侧结构性制度改革的重要举措，更是浙江经济转型升级的重要一招。它从一个具有战略和战术意义的层面上，回应了三个方面的重大现实问题：一是在大都市区引领下走怎样的城镇化道路；二是在市场起决定性作用条件下走何种制度创新的发展道路；三是在经济新常态下走何种产业转型升级道路。

浙江地少人多，资源稀缺。一直以来，在走以大城市引领为主导还是以小城镇引领并重的发展道路问题上，存在着诸多争议。大城市引领既面临城市病问题，也与浙江改革开放以来的县域经济发展的路径依赖存在着某些抵触。小城镇引领，却由于城镇经济内生能力弱，难以提高可持续的就业和经济支撑，在现实中往往不具可行性。特色小镇发展理念和举措的提出，在当前大都市区发展趋势下恰恰找到了两者的平衡点，通过具有鲜明产业特色的小镇建设，解决了非此即彼的单一路径发展难题，也解决了原有块状经济转型升级乏力、开发区园区产城分离，城乡发展二元结构的发展矛盾。

从浙江前两批特色小镇建设看，特色小镇产业生命力强大，不仅涌现出了梦想小镇、云栖小镇、玉皇山南基金小镇等一批新经济的典型代表[①]，也出现了如桐乡濮院毛衫小镇、诸暨袜艺小镇、丽水古堰画乡小镇等传统产业改造提升向高端化发展的新趋势；一批历史经典产业更是在特色小镇建设带动下焕发新颜，迸发出新的生机，如龙泉青瓷小镇、东阳木雕小镇、绍兴黄酒小镇等，正成为传承独特地域文化的有效载体。

数据说明了特色小镇战略的成效。一方面，投资创新集聚效应初步显现。截至2016年8月，第一批特色小镇累计投资1200多亿元，集聚企业3.7万家，引进各类创新创业人才1.6万余名。特色小镇建设以市场为主导的运作机制正加快形成，初步形成了平等、开放的竞争机制引导民资、国资、外资，以及各类机构投资特色小镇的良好态势。仅2015年不到一年的时间，首批特色小镇新开工建设项目就达431个，全年完成固定资产投资478亿元，产业投资占总投资额的60%以上。另一方面，产出带动效益强劲。如云栖小镇2015年技工贸总产值近80亿元，涉云产值就接近30亿元；引进了包括阿里云、富士康科技等在内的各类企业328家，其中涉云企业到2016年4月已达296家，逐步形成了较为完整的云计算产业链。又如玉皇山南基金小镇的税收收入从2014年的1亿元，到2015年的4亿元，再到2016年1季度就达到了3亿元——三年税收实现了“三级跳”，截至2016年8月，基金小镇累计入驻金融机构920家，资管规模达

① 梦想小镇吸引多个互联网创业团队和年轻创业者落户，300多亿元风投基金蜂拥而至，形成了完整的互联网创业生态圈。云栖小镇自2011年建设以来，已经云集了阿里云、富士康、银杏谷、数梦工厂、猪八戒网等200多家企业，其中更多是由高校系、阿里系、浙商系、海归系、海外系等团队创办的新型企业。2016年，“云栖大会”参会人数已突破4万人，全球超百万人看直播，近80亿元总产值中涉云产值近30亿元，逐步形成较为完善的云计算产业链条。“云栖大会”成为全球最大规模的云计算峰会之一。

到5310亿元，累计实现税收8.46亿元，同比增长208%，2016年税收收入预计突破10亿元。传统块状经济为主的桐乡毛衫时尚小镇被列入创建名单后，加快了小镇建设进程，小镇市场采购客商也不断增多，转型升级步伐明显提速。

当然，特色小镇建设在加快经济转型升级、推进浙商回归、激活历史经典产业、搭建创新创业平台的同时，还探索创新了城镇建设新路径，调动了各级领导干部工作的积极性和主动性，拓宽了工作思路等积极成效。

二、当前特色小镇建设中值得关注的问题

当前各地建设特色小镇热情高涨，建设速度也很快。调研中，我们看到了各地有许多好经验、新做法，但在快速发展中，也存在一些潜在问题，值得高度关注。

（一）创建存在重数量轻质量的误区

全省提出了创建100家左右特色小镇的三年创建目标，各地纷纷积极响应，大多数地区都建立了省级、设区市级、县级甚至到乡镇一级的特色小镇建设计划。据我们了解，全省一些设区市创建培育市级特色小镇的计划的都在30个左右，相当部分的县市区甚至提出了要创建八九个乃至十几个小镇的目标，再加上2016年国家也推出了创建特色小镇的政策导向，各地确有“一哄而上”之势。据不完全统计，全省各地推动的各级各类特色小镇建设有470个之多（根据公开信息，各地在建或被列入计划建设的小镇情况如下：杭州省

市县三级 100 个、宁波省市县三级 100 个、台州有 60 个、嘉兴省市县三级 50 个、绍兴市级 30 个、金华 30 个、丽水首批 39 个、湖州 26 个、温州第一批 21 个、舟山 15 个）。在数量膨胀的同时，有些地区的小镇建设大有造新镇运动的嫌疑，弄了几家企业集聚，与以往的开发区、园区建设别无二致，并未按照省里的要求去建设，无非是个“大拼盘”“大杂烩”。有些地方一个题材的历史经典小镇，也有两个分属与不同区级政府在建设，相隔几十分钟车程，名称相同却没有多少紧密的合作。这种追求数量而忽视质量的倾向，根本在于一些领导干部对特色小镇的概念缺乏深刻认识，一味追求指标激励，违背了省里实施特色小镇战略的初衷。这种趋势值得警惕，要防止把小镇建设变成一场只靠行政推动、盲目追求数量的“跃进型”行动。

（二）建设中投入产出效益关注不够

特色小镇建设的核心，是通过特色产业的增量投资，推动存量产业升级，培育增量新产业。但在实践中，小镇建设的三类投资驱动现象值得警惕：一是虚假投资。不少想进入创建名单的小镇建设将无经济效益的基础设施投资等固定资产包装冲抵投资总额，较大的产业投资特色小镇数量并不多。一些三四线城市的小镇，更是变相寻找以房地产驱动投资去建设小镇，以实现盈亏平衡，这就大大违背了浙江打造特色小镇的初衷。二是无奈投资。虽然浙江在特色小镇创建要求里强调，要以企业为主体，但是由于创建具体指标的要求使得地方政府不可避免地要干预到相关企业的投资决策行为，包括投资数量和进度，从而导致企业无奈地为获得政策支持扩大当期投资规模，不能更多地顾及投资的未来实际效益。三是亏损投资。

一些经济总量较小的地区，根本就不大可能通过一两个小镇招商就能集聚几十亿投资，即使投资了，也会造成投入之日就是亏损之时的后果。这些地区急于求成，必然浪费大量资源，不但成不了典型以至无法获得政策支持，反而会适得其反，积累新的企业和地方债务。

（三）各地小镇同质化建设现象突出

特色小镇的生命力根本在于特色，用经济学概念来说，特色小镇的“特色”，就是这些小镇有比较优势和竞争优势。因为“特”，人无我有；因为“特”，人有我优。但“特色”说起来容易做起来难。目前来看，求新、求洋、求全，在同类概念里扎堆发展是小镇建设的突出问题。一些地区没有从实际出发，竞相建智能制造、互联网、基金领域的小镇，而忽视了这些新产业发展的规律及在本地发展的基础和可能。据了解，全省叫基金小镇的特色小镇至少有 10 个左右。有的地区的小镇纯粹是在概念上做文章，既没有新兴产业的投资，也没有老的产业升级，项目库里有自动分拣的机器手项目，就“美其名曰”机器人小镇；项目库里有飞机部件生产，就叫作通航小镇。有的制造主导的小镇“捡到篮子里就是菜”，堆积同类企业投资项目。各类文化或旅游型小镇“复制粘贴”现象突出，自我吹嘘自然风景和古镇独特、风情街，其实根本没有核心特色。如果让“百镇一面、盲目造镇”的同质化现象继续蔓延，小镇建设将会误入歧途。

（四）多数特色小镇建设功能较为单一

与建设初衷相悖的现象还有，现在的特色小镇在生活生产乃至文化等方面功能配套较为单一。多数小镇建设只考虑 4 平方千米范围内的事情，却忽视了特色小镇与周边的交通和生活联系，也没有作为区域或城市总体规划组成部分去与都市区和中心城市建立起有机的功能联系。许多小镇地处城乡接合部，交通和生活配套落后，缺乏与城市其他功能区的组团联动发展，导致“小镇里像欧洲，小镇外像非洲”，这也使得小镇建设成功的可能性和发展的持续性大大降低。此外，特色小镇不是一个政策特区，它是整个区域组成部分，因此，区域整体营商环境、公共服务和软硬件设施支撑，对小镇建设持续发展也至关重要。但是，现在大多数地区都把精力和资源向特色小镇倾斜，而未做全面系统的安排部署。

（五）省级特色小镇考核管理待优化

虽然两年来主管部门对特色小镇创建的认定、考核评价的方法不断优化调整。但从调研情况看，小镇建设主体对于相关规定依然有许多争议：一是关于认定标准。三年投资 50 亿元、20 万人次年旅游人数以及效益等指标，并不适合所有类型的小镇，有些小镇投资额不可能那么大，有些小镇就是以制造功能为主，也未必能达到要求的旅游人数，但在具体操作中，这些小镇也只能努力按这个导向去包装。二是关于考核期限。大型投资项目一般一两年建成，三至五年见效，况且市场型项目也不能保证必定成功。但现在对小镇建设的绩效考核标准基本上都是三年。三是关于考核办法。面对经济下行压力，当前企业家投资非常谨慎，按原计划完成投资难度较大，尤其是对历史经典产业的投入产出数据考核，不尽合理，有必要进一步建立根据产业、区域以及不同特点而采取分类对待的考核办法，不宜采取“一刀切”的标准。

三、创新推进特色小镇健康发展的若干建议

特色小镇始于改革创新，也必须成于改革创新。作为新生事物，特色小镇创建必然要摒弃单纯行政化的思维定式、路径依赖和体制束缚，必须大胆探索，大胆试验，用改革与创新的精神推进规划、建设和运营，要按照“创新、协调、绿色、开放、共享”的新发展理念的要求，从实际出发，找准特色、定位特色、发展特色，在特色中发展，在创新中成长，走出一条政府引导、企业主体、市场运作的发展新路子。具体建议如下：

1. 要把国家特色小镇建设的要求和浙江特色小镇创建相结合，与各方力量共同培育打造一批产业特色引领、城乡高度融合的百年小镇。2016 年 10 月，住建部全国认定 127 个镇为第一批中国特色小镇。浙江有八个建制镇入围，成为第一批认定名单中全国数量最多的地区。未来国家还将在全国培育 1000 个国家级特色小镇，住建部门、国家发展改革委员会和财政部等有关部门将在专项建设基金支持、财政奖励、土地保障等方面，给予政策支持。由于浙江特色小镇创建标准和边界范围与国家的要求都有所区别。下一步，有必要加快研究如何将省级特色小镇培育目标和国家培育考核目标导向融合，积极争取获得国家有关方面的政策和资金支持。同时，浙江自身也要进一步处理好政府和企业的关系，拓展特色小镇建设资金来源渠道，注重引入战略投资者，吸引多元主体参与小镇建设和发展，通过公私合营（PPP）等模式缓解特色小镇建设资金压力。并充分发挥政府引导、市场运作的效力，创新土地供给和管理机制，实现在土地、基础设施建设等领域探索更加可持续发展的支持方式，让浙

江小城镇建设拥有更强实力、更多魅力，也更具发展特色和活力。

2. 要以创新未来和传承历史的两类特色小镇培育为重点，进一步加强小镇特色内涵创新。从两年来的实践看，这两类特色小镇富有生命力，应成为政策支持和建设培育的重点方向：一类是传承历史的特色小镇，以浙江“块状经济＋文化创新”的小镇、历史经典产业特色小镇和旅游型特色小镇为代表；另一类是创新未来的特色小镇，以梦想小镇、山南基金小镇、云栖小镇等为代表。对于传承历史的特色小镇，建议要注重保护重要历史遗产和民俗文化，实行保护性开发利用，加大产业化驱动的文化创新供给，拉长产业链，运用信息化、新技术的手段为旧产业注入新的活力，既要留住乡愁、留住传统文化、传承中华文明，又要让这一类小镇充满经济动力，成为推动城乡融合发展的重要载体。对于创新未来的特色小镇，则要以鼓励创新创业文化为导向，发挥小镇创新资源集聚作用，按照符合年轻人和创业创新者的现代生活理念创建小镇，创新体制机制，搭建各类创新平台，吸引年轻人、创业者进驻，形成新时代的小镇创业创新文化，让这一类小镇成为支撑新经济、积蓄新动能的重要载体。一般来说，这类特色小镇适合在城市功能健全、环境优良、人才聚集的大中城市及周边地带。

3. 要统筹城市文明和工业文明，把特色小镇作为反哺农业文明、推动城乡一体化的创新载体。以特色小镇为重要抓手，推动生产、生活、生态“三生融合”，工业化、信息化、城镇化和农村现代化“四化驱动”，按照“宜工则工、宜商则商、宜旅则旅”，提升小镇特色产业支撑力，为大量农村人口城镇化提供体面的工作机会，更有效地吸纳人口、缓解人口资源环境矛盾，实现城乡一体化发展。一是要处理好都市区范围内的特色小镇和一般县市区特色小镇的关系。都市区范围内的特色小镇注意与都市区其他功能区错位互补发展，加强交通联系，进一步完善在都市区、城市群范围内的区域协商机制，合理配置特色小镇建设的土地要素，避免同类特色小镇过多过滥；一般县市区的特色小镇则要注重区域内生产生活和文化、社区等功能的配套衔接，统筹考虑人口分布、生产力布局、国土空间利用和生态环境保护。二是要处理好增量小镇和存量小镇建设的关系。新建小镇要摒弃“贪大求洋”“大拆大建”的做法，因势利导，既要重视培育新兴产业，也要结合地方已有特色支持旧产业升级，要重视公共服务供给，持续保障发展需求；存量小镇要坚持充分尊重自然、控制环境污染、传承历史文化、改善人居环境原则，鼓励各地多元化发展，结合小城镇整治改造，推动产城有效融合，补短促长，以新促旧，加快补齐城镇基础设施、公共服务、生态环境三大短板，推动已有产业不断提质增效。无论是存量小镇还是增量小镇，都要坚持节约集约利用土地，合理界定人口承载力、资源承载力、环境承载力与产业支撑力，在开发中保护，在保护中开发。三是要注重处理好城乡人口融合的问题。坚持多元治理的思路，创新特色小镇治理体系，发挥省、市和所在行政区域以及小镇周边范围的居民在小镇规划建设和治理中的作用。尤其要充分发挥企业和居民的主体作用，让企业和居民全程参与特色小镇的设计、规划、建设、管理等全过程，以提供有效供给和满足有效需求为导向，让特色小镇成为化解城乡二元结构，能吸引人、留住人、激活人的新平台。

4. 要因地制宜、分类施策，进一步加强评价考核方式的管理创新。从根本上讲，经得起历史考验的特色小镇，不是认定考核出来的，是慢慢生长出来的。因此，通过认定、评价和考核推动全省特色小镇健康发展，必须顺应产业发展规律、城市建设规律和市场周期规律，动态调整不够完善的认定和考核标准，对特色小镇建设实行更精细化管理。要适应城乡社会发展需要，正确认识特色小镇发展的意义和作用，因地制宜、分类考核，以放为主，监督为辅。既不能拔苗助长，又不能光开花不结果；既要定目标下指标，也不能唯目标唯指标，要真正发挥市场作用，发挥企业家作用，把政策引导的重心，放在调动基层和企业实践的积极性上。

下一步建议，一是要结合不同产业投资发展规律，适当延长特色小镇建设考核时间周期，给小镇成长以足够的时间和空间；二是要适当降低考核标准，尤其是对历史经典产业，要在投入产出数据考核上区别对待，实现更科学的管理；三是要切实落实相关支持政策，对前期投入资金大、产业投资回收周期长的特色小镇，要鼓励地方出台支持政策，形成上下合力；四是要在特色小镇规划建设工作联系会议的基础上，可建立规划咨询专家委员会，提高特色小镇认定、审核、考核和验收等环节的公正性、科学性；五是要及时总结各地特色小镇建设经验，发现新问题新情况，在解决共性问题基础上，形成一些可复制、可推广、可操作的经验。

［本文为浙商发展研究院（浙商智库）组织的“浙江特色小镇发展”课题组的调研报告，于2016年10月27日报送省委、省政府主要领导，受到肯定，后由中央有关媒体报送中央参阅。课题主要参与和执笔者还有潘毅刚。］

第十篇

小镇大梦想　创业大舞台

今天我们来梦想小镇调研，主要是了解梦想小镇从建立到现在的发展情况，以及在新一轮创业大潮下，如何推进梦想小镇和浙江的特色小镇发展，进而促进全省经济社会转型升级的一些探索和启迪。刚才，我们实地考察了互联网创业小镇、天使小镇，了解了仓前古镇的改造规划，并听取了未来科技城特别是梦想小镇进一步发展的目标、理念、思路和具体举措等情况的介绍。我与其他参与调研的同志一样，对梦想小镇的发展速度和成就感到意外和欣喜，对未来的发展前景也充满信心和期待。

梦想小镇建设从 2014 年 8 月启动，至今仅 8 个多月，时间不长，但小镇发展贯彻落实了省委、省政府的要求，定位精准、理念新颖、目标高远，特别是结合了浙江和整个中国经济社会的发展趋势，紧紧抓住了互联网经济、信息经济这一核心，立足于建设众创空间的样板、特色小镇的示范和信息经济的新的增长点的目标，发展速度很快，并已取得了显著成效。可以说，梦想的冲锋号已经吹响，梦想之帆已经起航，创业者们激情飞扬，正待中流击楫、创造人生出彩的美好明天。

梦想小镇的建设正是浙江开展特色小镇建设的一个缩影。面对我国经济发展进入新常态，为进一步推动全省经济转型升级和城乡统筹发展大局，省委、省政府作出了规划建设特色小镇的重大决策。夏宝龙书记从浙江适应发展新常态高度，对梦想小镇、特色小镇建设提出了要以产业为根本、城乡统筹为基础、生态环境为支撑、文化特色为优势等指导性要求。李强省长直接具体部署特色小镇尤其是梦想小镇建设，多次亲历调研，召开座谈会，提出了许多很有针对性、前瞻性的发展理念和工作举措，并现场帮助解决发展中的难题。

浙江的特色小镇建设，已经成为集聚创新资源、激活创新要素、转化创新成果的新平台，实现产业发展从资源要素驱动向创新驱动转变的重要途径。借此机会，立足于梦想小镇，就新常态下推进浙江省特色小镇建设、广泛开展大众创业和万众创新活动，实现新一轮的快速发展需要注意的问题，谈几点想法。

一、梦想小镇、特色小镇建设要适应经济发展新常态，成为转型升级的新亮点

新常态是对中国经济发展状态和趋势的基本判断。新常态就是不同以往的、相对稳定的状态，其特征主要体现在四个方面：一是经济发展速度上从高速增长转为中高速增长。经济增速虽然放缓，但实际增量依然可观，而且也是有质量、有效益的一种中高速发展。二是经济结构上不断优化升级。产业结构向中高端化、现代化发展，且质量更好、结构更优。三是经济增长动力上更为多元。发展注入新动力，经济增长的推动力从传统要素驱动、投资驱动转向创新驱

动，并协同推进新型工业化、信息化、城镇化、农业现代化的发展。四是政府职能不断转变。政府需要顺应经济发展形势，大力简政放权，释放制度红利，进一步激活市场活力。

我国经济发展新常态和以互联网为代表的现代科技成果的广泛运用，带来了经济社会的一系列深刻变化。新技术、新产品、新业态、新商业模式的投资机会大量涌现，新兴产业、服务业、小微企业作用更加凸显，个性化、智能化、专业化生产成为产业组织新特征，有序规范的市场环境正在加快形成。梦想小镇、特色小镇建设必须站在国家和社会经济发展全局的高度，善于观大势、识大局，善于把握当今时代涌现出的新技术、新产品、新业态、新商业模式的机遇，努力成为浙江学习新常态、适应新常态、引领新常态、发展新常态的前沿阵地。

二、梦想小镇、特色小镇建设要顺应时代潮流，成为经济发展科技化、互联网化的新引擎

18 世纪中叶以来，人类历史上先后发生了四次科技革命。第一次科技革命开创了蒸汽时代（18 世纪 60 年代至 19 世纪中期），标志着农耕文明向工业文明的过渡。第二次科技革命进入了电气时代（19 世纪下半叶至 20 世纪初），电力、钢铁、铁路、化工、汽车等重工业兴起，石油成为新能源，世界各国逐渐形成一个全球化的国际政治、经济体系。第三次科技革命始于第二次世界大战之后，以原子能技术、航天技术、电子计算机技术的应用为代表，全球信息和资源交流变得更为迅速，最主要标志是生产的自动化。第四次科技革命是信息技

术革命，以电子和信息技术应用和互联网的全球化普及为标志，互联网技术成为创新驱动发展的先导力量，其主导标志经济、社会活动的智能化，将导致经济、社会各个领域的深刻变革。

中国错失了前两次科技革命的机遇，在第三次科技革命中也只是一个跟随者。目前正在如火如荼进行的第四次科技革命涉及科技的广泛领域，但就影响的深度和广度来讲，主要是以互联网为代表的现代通信信息技术。包括云计算、大数据、移动终端在内的互联网技术，不仅促进了传统产业的升级改造，更渗透到各个行业和社会、经济、生活的各个角落，它无时不在、无时不有。中国目前已经有网络用户逾 6.3 亿，移动用户 5.7 亿。互联网已经从单纯的信息交流渠道提升为集知识信息、社交沟通、流通交易、设计制造、文化创造、生活方式、智能智力、动能资源和各行各业各类要素优化配置于一体的全球化、开放式的大平台，已成为综合功能的超级能量的大网络。随着“互联网＋”战略的实施，互联网作为一次产业、科技、社会大变革，将改变旧世界、创造一个新世界。可以说，经济和社会生活的互联网化改变了信息的传输、交换、储存方式，也改变了人们沟通、信息获取和利用的方式，还改变了社会资源的配置方式，进而推动了人类的经济和社会组织方式的变革。这为中国的进一步改革发展提供了难得机遇，我们再也不能与其失之交臂。中国必须抢抓机遇，前瞻布局，以期在新一轮科技、产业革命中赢得主动。

特色小镇作为经济发展科技化、互联网化这一时代浪潮下浙江富有创新的发展新载体，更要把握时代发展脉搏，紧跟时代发展步伐，以现代科技为基本动力，加强现代通信信息技术运用，特别是要落实好“互联网＋”战略，将移动互联网、云计算与大数据对接、融合发展，充分发挥互联网在生产要素配置中的优化和集成作用，将互联网的创新成果运用于经济社会各领域之中，提升经济的创新力和驱动力，形成更广泛的以互联网为基础设施和实现工具的经济发展新形态。

梦想小镇的建设依托两条路径，其中之一就是要重点打造互联网创业小镇，培育电子商务、软件设计、信息服务、集成电路、大数据、云计算、网络安全、动漫设计等互联网相关产业，致力于通过做好“互联网＋”的文章，特别是要关注移动互联网，将智能手机等类似终端设备作为连接消费、产业与金融的起点，培育新的经济增长点和产业业态；并且，梦想小镇还有未来科技城雄厚的科技资源的支持，并且靠近浙江大学、浙江师范大学、阿里巴巴等，具有无可比拟的天时地利人和。以打造互联网小镇为重点，可以说抓住了要害，方向正确、前景广阔。科技创新是现代经济发展最根本的动力，梦想小镇、特色小镇建设一定要继续依托互联网和信息技术的支撑，持续推动移动互联网、云计算、大数据、物联网等与现代制造业结合，促进电子商务、工业互联网和互联网金融健康发展，成为经济发展科技化、互联网化的新引擎。

三、梦想小镇、特色小镇建设要适应经济发展资本化、金融化的趋势，创造资本市场和实体经济融合发展的新模式

资本化、金融化是市场经济繁荣发展的必备因素，也是经济社会发展的必然趋势。现代经济中任何产业的成长发展都离不开货币

资本和金融的支持。当今经济活动的核心主要已不是物质产品的生产，而是金融资产等财富的管理、流动和增值。经济发展资本化、金融化就是通过发达的资本市场建立资源优化配置机制，让资源变活、流动顺畅，使资源成为有效的发展要素，从而实现企业的股份化和社会融资的市场化。完善的资本市场具有相对公平的利益传导机制，有助于直接连接资源供给与需求，能够有效提高资源配置效率，从而促进优势企业加快发展，增强企业技术创新能力，打造企业核心竞争力。因此，金融业的发达程度，经济金融化的发展水平已成为建设经济强国的重要指标。而且，随着金融创新和金融业务的不断拓展，并受经济全球化和经济自由化的影响，金融活动已经跨越国界成为国际经济活动的重要组成部分，在全球范围内形成了统一的金融市场体系。国际经济活动日益以金融活动为中心，以金融关系为纽带，以金融政策为协调工具，资本市场已经成为全球金融市场的主体，并将给世界各国的经济社会发展带来持续深刻的影响。

中国改革开放30多年以来，经济建设取得了举世瞩目的成就。2014年中国国内生产总值为636463亿元，连续三年位居世界第二位，如果根据国际货币基金组织购买力平价法测算，2014年中国国内生产总值为17.6万亿美元，超过美国的17.4万亿美元，已经成为世界第一大经济体。中国经济发展的原因，很大程度上就是得益于整个经济货币化、金融化的快速发展。当前，中国的银行、证券、保险、房地产信贷等金融业在国民经济中的地位不断上升，金融资产在社会财富中的比重日益增加。2015年1月末，中国广义货币M2余额已达到124.27万亿元，同比增长10.8%。这表明中国经济发展的资本化、金融化趋势已经越来越明显。但是，与世界上其他金融业高度发达的国家相比，我国的金融产业还远未成熟，经济金融化尚处于初级水平。发展资本市场有助于企业特别是民营企业突破融资难题，获得资金支持，有助于推动资源向优势企业、龙头企业集中，推动企业做大做强，有助于完善经济运行和资源配置机制以及企业创新机制，促进科技创新和新兴产业培育。资本市场还具有财富形成功能，各种投资基金是居民理财的重要工具，有助于增加居民财产性收入，使居民分享经济发展成果。因此，加快金融体制改革步伐，着力推进现代金融体系和制度建设，是新常态下化解我国经济发展难题，促进经济转型，提升发展质量的重要途径。李克强总理也多次强调，要以改革的方式加强对小微企业和创新创业的服务，着力解决融资难、融资贵问题；扩大直接融资，积极发展“互联网＋金融”等新业态，支持金融创新，促进多层次资本市场持续健康发展。

特色小镇、梦想小镇建设必须认识到经济发展资本化、金融化的大趋势，牢牢把握金融改革和创新的机遇，注重运用货币、资本和金融的手段，通过创新金融产品和服务，培育积极健康的金融市场，从而为创业提供资本，进而推动企业发展，促进企业做大做强。梦想小镇重点打造互联网创业小镇和天使小镇，确立了“双镇融合、资智融合”的发展路径，犹如车之两轮、鸟之两翼，可以说架起了经济发展最强劲的两架引擎。下一步，天使小镇以及其他基金小镇的建设，要继续贯彻落实好国务院和省有关金融改革的精神和措施，重点打造和培育以科技金融为重点的现代科技服务业，聚集天使投资基金、股权投资机构、财富管理机构等金融组织，发展好科技金融、私募金融和互联网金融，探索开展互联网股权众筹融资，发展服务小微企业的区域性股权市场，发挥多层次资本市场作用，规范和促进初创企业融资，完善创业投资、天使投资退出和流转机制，为创新型企业提供综合金融服务，促进实体产业和资本的有机结合，形成“互联网＋天使投资”的新型发展模式，进而为整个浙江经济乃至全国经济的转型升级创造典型、提供经验。

四、梦想小镇、特色小镇建设要适应我国新一轮的“大众创业、万众创新”新热潮，成为打造创客经济的新空间

大众创业、万众创新是在经济发展进入新常态下，为缓冲经济下行压力、推动经济转型发展、增强经济内生动力、促进体制机制改革的重要举措。大众创业，就是要把全社会每一个细胞都激活，增加市场主体，增加市场动力、活力和竞争力。万众创新，就是要创造出更多的新技术、新产品和新市场，提高经济发展的质量和效益，形成巨大的推动力量。创业在本质上就是创新精神，激发创造热情，是经济发展的原动力。美国也正是有了鼓励创新创业的“车库文化”，才造就了今日的强大。正如李克强总理所言，大众创业、万众创新蕴藏着无穷创意和无限财富，是取之不竭的“金矿”，是中国经济的一个新的发动机、新引擎。为此，国务院专门下发《推进大众创新创业的指导意见》，要求各地按照党中央、国务院决策部署，以营造良好创新创业生态环境为目标，以激发全社会创新创业活力为主线，以构建众创空间等创业服务平台为载体，有效整合资

源，集成落实政策，完善服务模式，培育创新文化，加快形成大众创业、万众创新的生动局面。

从理念和实践层面看，大众创业、万众创新既是一种新型经济活动，也是一场政府职能转换的革命。一方面，创新创业就是要鼓励大众应用新技术、开发新产品、创造新需求、培育新市场、打造新业态，加快建立以市场需求为导向的创业生态，帮助创业者制造出满足个性化、多样化消费需求的高质量产品，并引导社会资本投向新技术、新产品、新业态和新商业模式，不断创造新的投资空间，为经济发展注入动力和活力，保持经济中高速增长；另一方面，从根本上说创新创业还要通过完善法治环境和加大简政放权，通过一系列政策制度安排，实实在在地释放新一轮改革红利，在更广范围内激发和调动亿万群众的创新创业积极性，让创新创业从“小众”走向“大众”，让创新创业的理念深入民心，在全社会形成大众创新创业的浪潮，打造经济发展和社会进步的新引擎。

在大众创业、万众创新的浪潮下，以及随着互联网信息技术的发展和数字生产工具的普及，微成本创业已经成为趋势，一批极富创新精神和动手能力的创客队伍正在形成，并诞生了一批成长型科技企业，“创客经济”渐成气候，并将渗透到经济的各个领域，成为结构调整和转型升级的先遣队。创客并不等同于创业。创客是出于兴趣爱好，努力把各种创意转变为现实的人。创客们以用户创新为核心理念，热衷于创意、设计和制造，最有意愿、活力、热情和能力，是创新 2.0 模式在设计领域的典型表现。创客强调的是形成一种新的创意和想法，并付诸行动，完成的是从 0 到 1 的工作。创业则是将创意的产品商业化，开拓市场、形成规模，完成的是从 1 到 1

万、100 万乃至无穷的工作。从创客到创业，是从 0 到 1 的飞跃，是从思想到行动的飞跃。可以说，创客是创业的基础，创业是创客的升华。只有先培养出千千万万个创客，才有可能诞生出成功的创业者。大众创业创新的关键在于为创客们提供实现创意和交流创意思路及产品的线下和线上相结合、创新和交友相结合的社区平台，打通从创客到创业的渠道，让更多兼具创新和动手能力的创客快速成长，形成创客—创新—创业的生态。政府所要做的，就是加强扶持培育适宜创客经济发展壮大的条件，为创客们提供活动场所和创意交流平台的创客空间。

浙江的特色小镇建设正是贯彻实施创新驱动发展战略的具体举措，顺应了“大众创业、万众创新”的新浪潮，通过集聚人才、技术、资本等高端要素，发展形成众创空间等新型创业服务平台，营造良好的创业创新生态环境，从而实现小空间大集聚、小平台大产业、小载体大创新，推动资源整合、项目组合、产业融合，加快推进产业创新和升级，形成新的经济增长点。梦想小镇的建设过程中，坚持“人才引领，创新驱动”的战略，秉承从创意、创业到创造“三创”战略，定位于成为天下有创业梦想的年轻人起步的摇篮，立足于打造一个低成本、全要素、便利化、开放式的众创空间新榜样，建设一个以新理念、新机制、新载体推进产业集聚、产业创新和产业升级的特色小镇示范工程，探索以创业创新为新引擎的经济发展模式，可以说定位准确、方向明确、措施正确，并且已取得显著成效。下一步，梦想小镇的建设要更加精准定位，加大公共服务设施的投入，为有梦想、有知识、有激情、有创意的年轻人，更好地提供资本、市场、经验等支撑，提供从创客到创业的零成本的服务，吸引和鼓励年轻人把梦想转变为创业的行动，使得梦想小镇真正成为创客创意的集散地和交流中心，成为创业者实现梦想的天堂，成为全球创业新高地、浙江新名片。

五、梦想小镇、特色小镇建设要适应社会结构阶层中产化的趋势，成为制造中产者的新基地

中产阶级是指处于富裕阶级（或上等阶层）与贫困阶级（或下等阶层）之间的一种社会群体，也被称为中等阶层、中间阶层、中等收入阶层，是一群相对富有，有较高的文化修养和高质量的生活，对社会主流价值和现存秩序有较强的认同感，并且收入为全社会中等水平的群体。人类社会的发展总体呈现中产阶级由弱变强的趋势。传统封建社会的社会结构主要是顶尖底宽的“金字塔型社会”，社会的一端是少数贵族，另一端则是农民、手工业者等普通大众，居于其间的中产阶级人数少、影响小。随着文艺复兴、工业革命和市场经济的兴起，中产阶级队伍逐步壮大，对社会的影响也越来越大，社会逐步演变为两头小、中间大的“橄榄型社会”。

“金字塔型社会”由于经济社会资源分配不均，贫富分化严重，且中间阶层薄弱，上等阶层与下等阶层直接对立，容易导致战乱和社会动荡。“橄榄型社会”的基本特征是“两头小，中间大”，也就是中产阶级的数量和规模比较大，精英和底层的数量相对较少。中产阶级的庞大意味着社会经济资源的分配相对合理。由于中产阶级相对富有，对现实生活与现存秩序相对满意，对社会主流价值与现存秩序认同感较强，他们作为沟通精英和底层的桥梁和纽带，能够对社会矛盾

和冲突起到较好的缓解作用，是维系社会稳定的基础性力量，是既存秩序的社会基础。因此，“橄榄型社会”各个阶层之间的矛盾和冲突不会很激烈，社会相对稳定、和谐。国际经验证明，一个国家如果实现了社会阶层结构类型的现代化，拥有了一个庞大的中产阶级，就可具备较强的抗风险能力和持续发展的实力，能够较好地抵抗各种经济风险或危机，获得持久发展的潜力。可以说，橄榄型社会是现代社会的基本结构，也是发展中国家社会结构转型的发展方向。

当前我国经济社会处在深刻变化和转型过程中，社会矛盾呈现多发态势，“仇富”“仇官”等对社会不满和怨恨情绪在一定范围内蔓延，居民收入差距仍然较大。2014 年的基尼系数虽有下降，但还是达到 0.469，处于较高水平。为此，党中央在推进改革开放的过程中一直强调深化收入分配制度改革，形成合理有序的收入分配格局，实现居民收入增长和经济发展同步，实现发展成果人民共享。这也就是要缩小贫富差距，增加中等收入人群，壮大中产阶级的规模，逐步形成“橄榄型社会”的格局。

开展“大众创业、万众创新”就是要激发全社会的创新创业热情，鼓励广大群众尤其是年轻人投入到创业大军中来，用自己的智慧和努力来创造财富，成为收入较高并具有知识和文化修养的中产阶级。因此，特色小镇、梦想小镇建设不仅顺应了“大众创业、万众创新”的热潮，也符合当前中国社会转型、构建“橄榄型社会”的发展趋势。开展小镇建设一定要始终抓住服务创新创业这一核心要素，充分认识到成功创业对于促进就业、缩小收入分配差距、推动实现社会公平正义的重要意义，把培育新兴的中产阶级、促进社会结构合理化作为任务之一，更好地为创客搭建平台、为创新提供条件、为梦想插上腾飞翅膀，成为创造财富的发动机，制造中产者的新基地。

六、梦想小镇、特色小镇建设要适应大众消费个性化的方向，成为引领市场、刺激消费的新阵地

扩大国内消费需求是稳增长、调结构的重要举措。过去我国的消费模式具有明显的模仿型排浪式特征，但随着经济发展进入新常态和人民生活水平的提高，再加上消费结构受到商品消费分流、大众消费转流、公务消费节流、高端消费外流、外部因素扰流的综合影响，越来越多的消费者在消费过程中不再盲目从众，而是根据自己内心的感受和需求进行个性化的消费，从而在市场上形成多个消费热点。可以说，当前我国模仿型排浪式消费阶段已基本结束，个性化、多样化、定制化消费正逐渐成为消费潮流，这将对就业、民生产生积极影响，并对推动产业升级发挥积极作用。这正如托夫勒在《第三次浪潮》里所阐述的，第三次浪潮经济将以分散化和小型化的“非群体化经济”为基本特征，“不会再有大规模生产，不会再有大众消费，不会再有大众娱乐，取而代之的将是具体到每个人的个性化生产、创造和消费”。

互联网时代实际上也是一个消费个性化的时代。在传统工业化时代，企业以生产制造为核心、以规模经济效益制胜，人们获得个性化产品和服务，需要付出很高的成本和代价，所以个性化需求很难得到满足。但是互联网和信息技术的发展改变了生产方式，智能工厂可以采用柔性化制造的方式，实现小批量、多品种的生产。工业化时代被压抑的个性化需求开始觉醒，消费者会更加关注自己的

真实感受，关注自己的爱好，关注产品服务，快乐消费、健康消费、体验消费、享受消费成为时尚和趋势。在这一背景下，创业者能否准确地抓住市场导向，迎合消费需求，提供定制化、个性化的服务，将成为创业成功与否的关键。

梦想小镇、特色小镇作为创业的摇篮，必须认识到消费结构变化的新常态，引导和鼓励创业者抓住个性化消费浪潮到来的机遇，转变生产理念，牢固树立市场导向、消费导向的意识，更加注重市场和消费心理分析，根据市场上消费者的新需求来确定发展战略，满足多样化、个性化的消费需求。具体说来，就是不能盲目跟风生产，而是要更关注发掘企业的内生动力，通过研究消费者的消费心理、了解细分市场和个性化需求的客户，改变生产组织模式及管理体系，建立高效的支持定制产品订单的“智慧化工厂”，培育企业自身的核心竞争力，特别是要注重利用互联网、物联网、大数据、云计算等信息技术，通过数据的积累、收集、挖掘和研究来了解每个人个性化的需求，将生产中的供应、制造、销售信息数据化、智慧化，最后达到快速、有效、个人化的产品供应。

七、梦想小镇、特色小镇建设要适应经济发展生态化的趋势，成为生态一体化、融合化发展的新平台

人类文明的发展整体上经历了四个阶段。第一阶段是原始文明，物质生产活动主要靠简单的采集渔猎。第二阶段是农业文明，铁器的出现使人类改变自然的能力产生了质的飞跃。第三阶段是工业文

明，18世纪英国工业革命开启了人类现代化生活。第四阶段是生态文明，以人与自然、人与人、人与社会和谐共生、良性循环、全面发展、持续繁荣为基本宗旨。在原始文明和农业文明阶段，由于生产力水平低下，物质生活成了人类最重要的追求，社会发展也是遵循“物质中心”主义。随着工业文明的到来，生产力巨大发展，人类物质生活水平得到极大提高，但随之也带来了环境污染、资源破坏、沙漠化、城市病等全球性问题，这使人们深刻认识到，在发展生产力、提高物质生活的同时，不能忽视精神生活，不能破坏生态，不能一味地向自然索取，必须保护生态平衡。因此，生态文明以尊重和维护自然为前提，以建立可持续的生产方式和消费方式为内涵，强调人与自然环境的相互依存、相互促进、共处共融，是人类对传统文明形态特别是工业文明进行深刻反思的成果，是人类文明形态和文明发展理念、道路和模式的重大进步。

中国改革开放30多年来，不断抢抓发展机遇，持续推进经济建设，在物质文明方面取得了丰硕的成果，但工业文明带来的生态破坏、环境污染问题也日益严重，引起社会极大关注。为此，党中央提出了科学发展、和谐社会的理念，特别是党的十八大以来，更加把生态文明建设放在突出地位，提出“五位一体”战略布局，将生态文明建设融入经济建设、政治建设、文化建设、社会建设各方面和全过程，努力建设“美丽中国”，实现中华民族永续发展。

特色小镇、梦想小镇作为相对独立于市区，具有明确产业定位、文化内涵、旅游和一定社区功能的平台，更加要遵循“五位一体”的建设思路，协同推进经济、政治、社会等各项事业的均衡发展，尤其是要重视生态文明建设，打造最佳的创业小镇、宜居小镇和美丽小镇。主要要做到：

一要进一步树立生态优先的理念。在开展小镇建设中要首先考虑到环境生态的要求，保障良好生态效益的优先地位，尤其是在生态效益与经济发展矛盾时，应当优先考虑各种建设规划对自然环境和生态系统的长期影响。梦想小镇建设中提出“先生态、再生产、再生活”的理念，非常好，应当继续坚持和深化。

二要进一步做好规划设计。提倡都市圈就是在城市群中出现的以大城市为核心，周边城市共同参与分工、合作，一体化的圈域经济现象。梦想小镇、特色小镇既然是小镇，那就不是大城市，在选址规划的时候，就要远离喧嚣的城市中心繁华地带，注重与田园风光的农村景致有机结合，努力建设成为AAA级以上景区，实现产业、文化、旅游“三位一体”和生产、生活、生态融合发展。

三要加大生态建设的投资。一般来说，10亿元做产品，100亿元做品牌，1000亿元做生态。生态建设投入资金量大、投资收益周期长、成效不明显。这就需要政府部门在小镇规划建设中，做到“风物长宜放眼量”，不追求短期效益，而是不断加强生态建设资金投入，把小镇的基础设施和生态环境搞好。只有栽好梧桐树，才能引来金凤凰，才能实现特色小镇建设带动经济全局发展的目标。

八、梦想小镇、特色小镇建设要适应政府行政体制改革的形势，成为法治政府、服务型政府建设的新试验田

转变政府职能是深化行政体制改革的核心，实质上是要解决政

府应该做什么、不应该做什么，重点是政府、市场、社会的关系。经济发展新常态下，政府职能转变的核心仍然是处理好政府和市场的关系，使市场在资源配置中起决定性作用并更好发挥政府作用。这对于实现国家治理体系和治理能力现代化也具有十分重要的意义。梦想小镇、特色小镇的建设确立“政府引导、企业主体、市场化运作”的方针，准确界定了政府、企业和市场的关系，特别是明确“政府主导”的要求，适应了政府行政体制改革、转变政府职能的形势。如何在小镇建设中更好地实现“政府主导”，实际上就是要求政府准确定位，并积极发挥作用，关键就在于建成法治政府和服务型政府。

一方面，小镇建设需要法治政府。建设法治政府，严格依法行政，是政府施政的基本准则，也是全面推进依法治国、建设中国特色社会主义法治体系的重要内容。法治政府就是要求政府在行使权力、履行职责过程中坚持法治原则，政府的各项权力都在法治轨道上运行，实现权力与责任紧密相联，实现阳光政府、有限政府、诚信政府和责任政府。法治政府也可以用“法定职责必须为，法无授权不可为”来概括，其中，“法定职责必须为”强调法律、行政法规规定的国家机关应当行使的职权是职责所在，政府必须有所作为，不得懈怠、推诿，这是政府的“底线”；“法无授权不可为”强调的是法律、行政法规没有授权国家机关的职权，国家机关无权实施，不能乱作为，不得超越职权、滥用职权，这是政府的“高压线”。“底线”与“高压线”构成了法治政府的权力边界。

另一方面，小镇建设更离不开服务型政府。在“法定职责必须为”的“底线”和“法无授权不可为”的“高压线”之间，还有大量的公共性事务，需要政府积极作为、提供服务。也就是说，推动政府行政体制改革、转变政府职能，既体现在强调政府的依法行政，将过去权力无限的政府转变为有限的法治政府之上，更体现在政府对于公共服务的积极有为，将过去管制型的政府转变为服务型政府之上，实现从管理到治理的转变。服务型政府，就是要求政府从全能型、审批型转向服务型，把提供公共服务作为政府的重要职责，在维护国家机器正常运转的前提下，满足市场机制难以解决的社会公共需要，从而为各种市场主体提供良好的发展环境与平等竞争的条件，为社会提供安全和公共产品，为劳动者提供就业机会和社会保障服务。更何况，为人民服务是党的根本宗旨，也是各级政府的根本宗旨。不论政府机构怎么调整、政府职能怎么转变，为人民服务的宗旨都不能变。

小镇建设中转变政府职能、发挥政府作用就是要着力打造“四个生态系统”，即更有效率的政务生态系统、更有活力的产业生态系统、更有激情的创业生态系统和更有魅力的自然生态系统。具体而言，需要注意以下几个方面：一要进一步推进简政放权，简化行政审批手续，推进投资创业便利化，营造有利于创业的良好环境。二要加大创业资金支持，充分发挥各类创业投资引导基金的作用，完善市场化运行长效机制，形成多元化、多渠道的创业资金支持体系。三要落实有利于创业的政策制度，落实鼓励自主创业的税费减免、小额担保贷款、资金补贴、场地安排等扶持政策。四要做好创业培训和服务，为大学生创业提供有针对性的政策支持和创业服务，支持各类培训机构开展创业培训，建设创业孵化基地。五是营造好创业服务平台，提供包括政府事务、办公事务、生活配套事务等全方位、一站式的O2O服务，引进专业的财务、法务、税务、人力资源等各类中介，并完善公寓、学校、超市、医院等配套生活设施，给予创业者零门槛的准入政策以及拎包入住、免房租、多补贴等丰厚条件，为创业者提供低成本、便利化、全要素、开放式的创业服务，使更多的创业者敢创业、能创业、创成业。

简言之，小镇建设就是要把市场行为与法治型、服务型政府的推进更好地结合起来，充分发挥好政府的引导功能，为创业提供“店小二”式的优质服务，实现创客的低成本甚至零成本创业，真正做到“我负责雨露阳光，你负责茁壮成长”。

九、梦想小镇、特色小镇建设要主动适应企业年轻化的趋势，成为培养新浙商群体的新摇篮

企业年轻化是经济发展的趋势，也是企业不断保持活力的关键因素，尤其是在互联网时代，消费呈现年轻化、个性化的形势下，企业主动进行变革，发挥年轻人有活力、有冲劲、理念新颖、思路开阔、接受新事物速度快、创新意识强等特点和优势，实现企业团队、产品、营销模式等方面的年轻化，更有利于把握和感知市场节奏、抓住市场需求和消费动向，创造新技术、新思维和新模式，从而适应新常态下经济发展的新情况、新问题。从实际情况看，根据《财富》中文版公布的2013年榜单显示，“中国40位以下的商界精英”整体平均年龄只有34.8岁，其中有15位上榜者为“80后”。因此，可以说，中国经济发展新常态之下，企业年轻化已经成为一种现实需要和发展趋势。

就浙商而言，经过 30 多年的发展，许多浙商企业正处于新老更替之际，老一代浙商已经逐渐功成身退，“70 后”“80 后”的商二代正在接过传力棒，登上历史舞台。而且，随着经济发展从要素驱动到创新驱动的转变，也更加需要既懂市场、又懂技术、更懂管理的与时俱进的新一代企业家，通过自主创新、实现转型升级。于是，新浙商的概念应运而生并形成气候。据统计，目前 1200 多万浙商中有七八百万都是新浙商，近年来评选出的“科技新浙商”也是越来越年轻化，许多三四十岁的企业家挑起了企业管理的大梁，并形成了新浙商的“四千精神”，即千方百计提升品牌、千方百计保持市场、千方百计自主创新、千方百计改善管理。新浙商具有新知识、新技术，既有国际化眼光，又继承发扬了浙商优良的传统精神，必将成为引领和推动浙江经济新一轮发展的新锐力量。

梦想小镇、特色小镇建设要抓住企业年轻化和新浙商形成的趋势和机遇，一方面，要把小镇建设与浙商发展结合起来，利用好浙商这一强有力的资源，吸引浙商投资参与小镇的建设、运营和配套，参与天使投资和各类创业基金，利用金融力量培育新的产业方向，寻找新的企业盈利点。这也是推动老浙商企业转型升级，向新浙商发展的重要途径，实现小镇建设与浙商发展的合作互赢。另一方面，小镇建设要更加注重对创客创业的扶持，吸引更多的年轻人入驻小镇开展创业，做好“互联网＋浙商”的文章，使特色小镇真正成为创新创业和产业发展的新载体，成为培养新浙商群体的新摇篮。

十、梦想小镇、特色小镇建设要适应新型城镇化的要求，成为有特色、有亮点的产城人融合发展新标杆

新型城镇化以城乡统筹、城乡一体、产城互动、节约集约、生态宜居、和谐发展为基本特征，强调大中小城市、小城镇、新型农村社区的协调发展和互促共进。新型城镇化的“新”就是要由片面注重追求城市规模扩大、空间扩张改变为以提升城市的文化、公共服务等内涵为中心，使城镇成为具有较高品质的宜居之所，而不是以牺牲农业和粮食、生态和环境为代价谋求发展，从而实现城乡基础设施一体化和公共服务均等化，促进经济社会发展，实现共同富裕。

特色小镇建设要取得预期的成效，从梦想小镇建设的经验看，必须适应新型城镇化的要求，注重产业支撑、人居环境、社会保障、生活方式等方面的协调发展，把小镇建设成为产业特色鲜明、体制机制灵活、人文气息浓厚、生态环境优美、多种功能叠加，并区别于行政区划单元和产业园区的新型发展空间平台。重点要把握好以下几点：

一要有特色产业。特色小镇要突出特色，根据自己的基础、背景、环境和条件发展特色产业，形成个性鲜明的发展模式。也就是说，产业定位上，必须严格按照省政府要求的，聚焦信息经济、环保、健康、旅游、时尚、金融、高端装备制造等支撑浙江未来发展的七大产业，兼顾茶叶、丝绸、黄酒、中药、青瓷、木雕、根雕、石雕、文房等历史经典产业，每个历史经典产业原则上只规划建设

一个特色小镇，突出多样性，避免“千城一面”。

二要有人文底蕴。经济社会的现代化不能隔断历史，小镇建设应当以人为本、围绕人这一核心来展开，牢固树立人本思想，努力创造良好的人文环境，形成良好的人文气氛。梦想小镇的建设中注重传承小镇所在地的粮仓文化，将12个旧时的粮仓改造成创业空间，并依托仓前古镇的深厚文化底蕴，妥善地将现代文明融入传统文化，实现了实业与文化的有机结合，使得传统文化在保护中得到重生，形成了有益的经验，可以成为小镇建设的样板。

三要有生态生活气息。经济建设、城镇化发展的目的是为人服务，是为人更好地生活。小镇建设务必要坚持产业、文化、旅游“三位一体”和生产、生活、生态协调发展。这不仅需要打造特色产业和浓厚文化氛围，还要有良好的自然生态环境和生活设施，使得小镇超越单纯的行政区划和产业园区概念，真正成为一个以产业为核心、以项目为载体、生产生活生态相融合的特定区域。

（本文根据作者2015年5月11日在梦想小镇调研座谈会上的讲话录音整理）

第十一篇

玉皇山里何以飞出金凤凰

——走访杭州玉皇山南基金小镇

杭州上城区玉皇山南基金小镇是浙江省首批创建的 37 个特色产业小镇之一。

现在，山南基金小镇已是杭州创造财富的新高地，让人心生向往。基金小镇坐落在环境优美的玉皇山间。这里如诗如画的风景时时呈现在我们的（办公室）窗前，让人陶醉不已。在基金小镇的前期筹建阶段，我们来过几次；在小镇形成规模、成名之后，今天我们是第一次来。但我们早已心向往之，不过一直未能成行。在 2015 年即将过去、2016 年迎面而来的辞旧迎新之际，我们终于实现了来基金小镇看一看、走一走的心愿。

玉皇山南麓北依西湖，南临钱江，携江湖之胜景，但凡在杭州生长、生活过的人都会对这片土地产生浓浓的感情。千年之前，南宋皇帝们在这里躬耕祭农；千年之后，美丽古老的玉皇山南却崛起了一片年轻的金融高地。如此古往今来的历史画面感随着玉皇山南基金小镇发展的脚步生动形象地展现在了我们眼前。刚刚听了缪承潮书记对小镇的介绍，我认为可以从以下四个方面来概括小镇建设所取得的成绩。

一、玉皇山南基金小镇创造了惊人的发展新速度

五六年前，这里还是典型的“城中村”，建筑以低矮的工业厂房和较低层次的农贸、商贸市场为主；2012 年之前，这里曾经尝试建设文化创意园。2013 年后短短几年时间，这里就一跃而成为有如此规模、体系比较健全、配套较为完善的“玉皇山南基金小镇”。这是非常了不得的成绩，是一次历史性的跳跃和进步。刚才，缪书记说，截止到现在，小镇入驻的金融机构已达 300 多家，管理的资产规模接近 1800 亿元，规划占地面积 3.2 平方千米，分一期八卦田公园片区、二期海月水景公园片区、三期三角地仓库片区和四期机务段片区四个区块。目前一期、二期企业已入驻完毕，三期、四期正在加紧建设；未来 3 年的目标，占地面积将扩展至 5 平方千米，管理资金额将超过 1 万亿元，相当于“美国对冲基金天堂”格林尼治小镇管理资金总量的 1/3。

我们相信，只要“小镇”基础设施和配套平台搭建完善，这个目标是完全可以实现的。因为金融资本的杠杆效应是不可估量的。金融是一个“易经大八卦”，它的杠杆、放大乘数效应如同“八卦田”，它变动不居、变化无穷、变幻莫测。你们提到，玉皇山南基金小镇的重点是打造私募（对冲）基金生态圈和产业链，而对冲基金最大的特点就是高杠杆、高风险、高收益，操作对冲基金的金融机构可以通过杠杆的乘数效应将一亿元的资金翻至十亿元，甚至百亿元，

所以，我对你们所设立的目标非常有信心。作为金融资本、财富管理的高地，基金小镇将给浙江和杭州带来非常可观的财政收入。目前，税收已破 3.4 亿元，地方财政收入达到了 1.7 亿元，这是你们对财税作出的贡献，更重要的是，金融资本对撬动产业转型升级、推动实体经济发展，具有极大的杠杆作用。但是，需要注意的是，税收和配套的优惠政策还是要跟上，要借鉴格林尼治基金小镇的运作模式和先进理念，它的成功经验之一就是优惠条件多，税收、成本低，从而吸引了众多对冲基金在那里落户。据说，20 世纪 80 年代日本的对冲基金很厉害，他们也想建设类似的“小镇”，最终却没有成气候，就是因为它的税收等条件非常苛刻，我们要特别谨记这一点教训，尤其在初创时期更应如此。要有战略意识，从长谋划，算好大账。

二、玉皇山南基金小镇打造了响亮的发展新品牌

玉皇山周边有着独特的发展优势。首先，基金小镇所在之地是世界文化遗产——西湖的核心地带，坐拥着一流的自然山水风光；小镇所在地还是南宋的官方造币地，曾见证了盛极一时的历史文化。这些历史人文和自然环境的背景让基金小镇有了得天独厚的发展优势。而现在，在你们的规划、运作下，借靠浙江金融大省、“资金洼地”、“资本高地”、民间资本活跃和杭州资本财富聚集度高等优势，小镇的私募基金生态产业链已初步形成，对接上海、辐射“长三角”经济圈的区位优势也日趋显现。目前，入驻的企业中有中信证券、嘉实基金、永安期货等国内一流的金融公司，政策支持、配套服务也比较完善，你们已经打响了基金小镇在浙江、全国乃至国际上的

知名度，并且这个知名度会有越来越高的含金量。

我们认为，在今后中国的发展进程中，谁能打响这样的新品牌，谁有类似这样的“金名片”，谁就能吸引人才、集聚资源，就能取得发展的新优势。现在，你们还在借用美国格林尼治小镇的名号，我相信在不久的将来，你们一定能站在巨人的肩膀上，形成属于自己的新品牌。

三、玉皇山南基金小镇形成了制胜的发展新高地

中国经济社会发展进入了新常态，这是一个转型发展的新阶段，也是形成发展新动力、新业态、新优势的时期。培育各类基金，提升金融资本化水平，是这个时候的一个重要发展趋势。

从小处讲，你们打造了一个以私募证券基金、私募商品（期货）基金、对冲基金、量化投资基金、私募股权基金为核心业态的特色基金小镇；往大处讲，你们实际上打造了一个金融资本和经济发展的新高地。

首先，在人类经济发展历程中，经济的金融化和金融的资本化是一个必然的发展趋势。中国改革开放 30 多年来经济之所以能如此迅猛发展，很大程度上就因为经济的金融化、金融的资本化和金融的市场化，给经济增长注入了新动力。第二次世界大战前后，金融发展最大的特点就是从狭义的金融演进到了广义的金融，即进入到了以资本市场为轴心的现代金融阶段。所谓狭义的金融，就是传统金融、商业金融，即以简单存贷款为主的资金融通活动。19 世纪后期和 20 世纪前中期，随着美国经济实力迅速崛起，特别是华尔街

的形成和繁荣，缔造出了人类发展史上一个崭新的资本市场，从而使金融资本成为人类经济发展的最前沿和最核心的要素，也成为国家调控经济社会发展最主要的渠道和手段。现在说到一个独立国家的经济体，光说实体经济和虚拟经济已经不全面了，它实际上是由三个方面组成的：一是实体经济，二是货币经济，三是金融资本经济（主要是资本市场）。其中，金融资本市场的总量要大大超过前两者之和。现在国家调控宏观经济，就是主要通过货币杠杆，一手调控实体经济，另一手调控资本市场，并将它们统筹协调、有效结合，从而推动经济健康发展的。所以，我们抓住了“金融”这个关节点，就等于抓住了当今人类和中国经济发展最前沿的一个重要趋势，抓住了经济发展最重要的一个增长点。中国的金融体系在完善之中，其发展前景是不可估量的。

其次，近年来，省委、省政府提出了要建设特色金融强省的战略部署，大力推进金融改革与创新，将打造以私募金融服务为龙头，以场外交易市场、财富管理中介为两翼的财富管理“金三角”作为重要目标，并在“十三五”时期将着力构造钱塘江沿岸的金融港湾，基金小镇规划也是符合省里要求的。

再次，杭州作为上海国际金融中心的副中心，高净值人群和企业总部高度集中，金融业总量和发展质量位于全国前列，素有“期货之都”的美誉，管理的期货交易量占全国的1/3，同时也是全国对冲基金产品的主要资金来源地，而且近年来金融服务业快速发展，互联网金融风起云涌，业已成为杭州的支柱产业。

从以上三点来看，你们是真正站在经济发展和金融资本发展的“风口”上了，借着如此强大的裂变、叠加效应，我相信你们必能乘风翱翔！虽然基金小镇坐落在玉皇山脚下，但其在经济、金融领域中抢占的高度，将远远超过玉皇山的海拔高度，基金小镇站在经济发展的新高地上，其前景将是不可估量的。

四、玉皇山南基金小镇积累了有益的发展好经验

现在，中国经济发展正处在转型升级的档口，传统产业要提升，新兴业态在崛起。但在新旧转换过程中，又不免会遇到矛盾和“烦恼”，而你们的做法给转型发展树立了榜样，创造了经验。比如：

第一，你们努力践行了省委、省政府“三改一拆”的决策，让旧城旧貌换新颜，通过改造旧厂房、旧仓库、旧民居，拆除违法建筑，“拆”出了发展新空间，“变”出了发展新资源，“改”出了发展新动力，使当年破烂的城中村变为现代服务业的集聚地，可以说是“三改一拆”成功的典型案例。

第二，你们实现了传统产业向新兴产业的转型。这里原先是旧工业厂房、陶瓷品市场等传统制造业、专业市场聚集地，现在到处都是创投基金、券商期货、资管公司。你们以各类基金为核心，嫁接了一系列的金融共生性产业和辅助性产业，形成了完整的产业链和生态圈；吸引了一批产业基金落户；建成了包括培训平台、生活服务平台、数据平台、行政服务平台等配套服务平台，为金融机构入驻小镇提供了良好的硬件、政策和服务配套环境。

第三，你们将历史传统文化与现代文明有机地结合在一起。杭州是“七大古都之一”，也是中国金融文化和商帮文化的重要起源地和集聚地，玉皇山南地区还是南宋古都“皇城”之地和南宋官方造

币地，这都奠定了玉皇山南小镇深厚的金融历史文化底蕴，说是“无巧不成书”也好，说是“有意为之”也罢，你们在这块土地上打造现代金融小镇，可以说是“推陈出新”，或者说是历史文化的“薪火传人”！习近平总书记在宣布2016年G20峰会将在杭州召开时指出：“杭州是历史文化名城，也是创新活力之城，相信2016年峰会将给大家呈现一种历史和现实交汇的独特韵味。”基金小镇可以说是习近平总书记这一重要论断的一个鲜活例证！

第四，你们将美好的生态环境转化成了经济上的财富，打造了“魅力经济”“美丽经济”。人们在这里工作、生活，正如一位入驻基金小镇的业主所说，可以“晨听清风，午赏落桂，夜邀明月”。正因为如此，能吸引一批又一批金融才俊入驻。不仅留住了人，也留住了心。这同样印证了习近平总书记在浙江工作时曾讲的“绿水青山就是金山银山”的重大意义。我们考察了杭州地区的一些特色小镇，我有一个感受，就是钱塘江两岸、杭州周边山区，将是杭州、浙江未来一个长时期发展的战略新高地，这里形成的产业生态链将带来核裂变般的杠杆效应。

五、期待金凤凰飞得更远更高

最后，期待基金小镇这只金凤凰能飞得更远更高，为此提几条建议，供你们参考：

第一，要注意总结、提炼建设玉皇山南基金小镇的经验与体会。这对自己的工作是一个提升、完善，也可以给全省的特色小镇建设提供一些可资借鉴的经验。

第二，围绕以基金为主导的现代金融服务业，拓展开发更多的配套、衍生、辅助、共生平台，形成产业集群。当然，这一点现在已经做得很好了，例如现有的基础设施、培训、医疗、教育等配套服务比较健全，但在交易、交流和业态人士文化生活等平台方面，也许还可以再做些深化文章，进一步形成集群规模效应。

第三，进一步做好“四个打通”的文章。一是打通省里正在规划的钱塘江金融港湾，充分抢占和利用这个资源，把小镇打造成港湾的主要码头；二是打通上海金融中心，充分利用这个区位优势，引进高端金融机构、人才，总部来不了，分部来也可以，整个公司来不了，几个人来也可以；三是打通国际金融市场，充分利用大数据资源和国际化人才，也可聘请金融机构的知名人士作为你们基金小镇的智囊顾问，多听听他们的意见；四是进一步打通与浙商、民营企业的通道，浙商中有大量从事金融行业、互联网金融的企业，浙商群中握有充沛的资金，这方面可以和《浙商》杂志、世界浙商网合作，他们对接浙商企业多，了解企业的需求和情况，同时也有作为媒体的宣传优势。

第四，进一步做好金融文化的建设。山南基金小镇之所以快速崛起，从玉皇山飞向金融资本的高高蓝天，主要得益于我国经济社会发展进入转型升级新常态的需要，省委、省政府大力推进“三改一拆”“五水共治”“打造特色小镇”等转型升级组合拳发展举措，以及杭州市建设“美丽杭州”“信息经济”等决策的落实。当然，你们这里还有四大优势：区位优势、环境优势、历史人文优势和服务优势，尔后又开始形成了基金的产业优势。产业优势、业态优势最关键，将是核心竞争优势，务必进一步巩固、拓展、提升。下一步还可以考虑形成金融文化、基金文化优势。要讲好金融文化故事，营造好人文氛围，这样才能有更大的凝聚力。

（根据作者2015年12月28日考察玉皇山南基金小镇时讲话录音整理）

链接：

玉皇山里何以飞出金凤凰
——走访杭州玉皇山南基金小镇

王永昌

杭州上城区玉皇山南基金小镇是浙江省首批创建的37个特色产业小镇之一。现在，玉皇山南基金小镇已是杭州创造财富的新高地，让人心生向往。

基金小镇坐落在环境优美的玉皇山间。这里，如诗如画的风景时时呈现在我们的窗前，让人陶醉不已。千年之前，南宋皇帝们在这里躬耕祭农；千年之后，美丽古老的玉皇山南却崛起了一片年轻的金融高地。如此古往今来的历史画面感或者说历史的传承过程，随着玉皇山南基金小镇发展的脚步便生动形象地展现在了我们眼前。

一、惊人的发展新速度

五六年前，这里还是典型的“城中村”、低矮的工业厂房和较低层次的农贸商贸专场市场的城郊地；2012年之前，这里曾经尝试建设文化创意园。2013年后短短几年时间，这里就一跃成为有如此规模、体系比较健全、配套较为完善的“玉皇山南基金小镇”。这是非常了不得的成绩，是一次历史的跳跃和进步。截止到现在，小镇入驻的金融机构已达300多家，管理的资产规模接近1800亿元，规划占地面积3.2平方千米，分一期八卦田公园片区、二期海月水景公园片区、三期三角地仓库片区和四期机务段片区四个区块。目前一期、二期企业已入驻完毕，三期、四期正在加紧建设；未来3年的目标，占地面积将扩展至5平方千米，管理资金额将超过1万亿元，达到“美国对冲基金天堂”格林尼治小镇管理资金总量的1/3。

我们相信，只要“小镇”基础设施和配套平台搭建完善，这个目标是完全可以实现的。因为金融资本的杠杆效应是不可估量的。金融是一个“大八卦”，它的杠杆、放大乘数效应如同“八卦田”，它变动不居、变化无穷、变幻莫测。玉皇山南基金小镇的重点是打造私募（对冲）基金生态圈和产业链，而对冲基金最大的特点就是高杠杆、高风险、高收益，操作对冲基金的金融机构可以通过杠杆的乘数效应将一亿元的资金翻至十亿元甚至百亿元。

作为金融资本、财富管理的高地，基金小镇将给浙江和杭州带来非常可观的财政收入。目前税收已破3.4亿元，地方财政收入达到了1.7亿元，这是山南基金小镇对财税作出的贡献，更重要的是，金融资本对撬动产业转型升级、推动实体经济发展，具有极大的杠杆作用！但是，需要注意的是，税收和配套的优惠政策还是要跟上，要借鉴格林尼治基金小镇的运作模式和先进理念，它的成功经验之一就是优惠条件多，税收、成本低，从而吸引了众多对冲基金在那里落户。

二、响亮的发展新品牌

玉皇山南基金小镇所在之地是世界文化遗产——西湖的核心地

带，坐拥着一流的自然山水风光；小镇所在地还是南宋的官方造币地，曾见证了盛极一时的历史文化。这些历史人文和自然环境的背景让基金小镇有了得天独厚的发展优势。

而在管理者的规划、运作下，借靠浙江金融大省、“资金洼地”“资本高地”、民间资本活跃和杭州资本财富聚集度高等优势，小镇的私募基金生态产业链已初步形成，对接上海、辐射长三角经济圈的区位优势也日趋显现。目前入驻的企业中有中信证券、嘉实基金、永安期货等国内一流的金融公司，政策支持、配套服务也比较完善，已经打响了基金小镇在浙江、全国乃至国际上的知名度，并且这个知名度会有越来越高的含金量。

在今后中国的发展进程中，谁能打响这样的新品牌，谁有类似这样的“金名片”，谁就能吸引人才、集聚资源，就能取得发展的新优势。现在，山南基金小镇还在借用美国格林尼治小镇的名号，相信在不久的将来一定能站在巨人的肩膀上，形成属于自己的新品牌。

三、制胜的发展新高地

中国经济发展进入了新常态，这是一个转型发展的新阶段，也是形成发展新动力、新业态、新优势的时期。培育各类基金，提升金融资本化水平，是这个时候的一个重要发展趋势。山南基金小镇打造了一个以私募证券基金、私募商品（期货）基金、对冲基金、量化投资基金、私募股权基金为核心业态的特色小镇；实际上，打造了一个金融资本和经济发展的新高地。

首先，在人类经济发展历程中，经济的金融化和金融的资本化是一个必然的发展趋势。中国改革开放30多年来之所以能如此迅猛发展，很大程度上就因为经济的金融化、金融的资本化和金融的市场化，给经济增长注入了新动力。现在，国家调控宏观经济，就是主要通过货币杠杆，一手调控实体经济，另一手调控资本市场，并将它们统筹协调、有效结合，从而推动经济健康发展的。抓住了“金融”这个关节点，就等于抓住了当今人类和中国经济发展最前沿的一个重要趋势，抓住了经济发展最重要的一个增长点。

其次，近年来省委、省政府提出了要建设特色金融强省的战略部署，大力推进金融改革与创新，将打造以私募金融服务为龙头，以场外交易市场、财富管理中介为两翼的财富管理“金三角”作为重要目标，并在“十三五”时期将着力构造钱塘江沿岸的金融港湾，山南基金小镇规划是符合省里要求的。

再次，杭州作为上海国际金融中心的副中心，高净值人群和企业总部高度集中，金融业总量和发展质量位于全国前列，素有“期货之都”的美誉，管理的期货交易量占全国的1/3，同时也是全国对冲基金产品的主要资金来源地，而且近年金融服务业快速发展，互联网金融风起云涌，业已成为杭州的支柱产业。

综上，山南基金小镇是真正站在经济发展和金融资本发展的“风口”上了。虽然基金小镇坐落在玉皇山脚下，但其在经济、金融领域中抢占的高度，将远远超过玉皇山的海拔高度，也就是说站在了经济发展的新高地上，其前景将是不可估量的。

四、有益的发展好经验

现在，我国经济发展正处在转型升级的关口，传统产业要提升，新兴业态在崛起。在新旧转换过程中，不免会遇到矛盾和“烦恼”，而山南基金小镇的做法给转型发展树立了榜样，创造了经验。比如：

第一，践行了省委、省政府“三改一拆”的决策，让旧城旧貌换新颜，通过改造旧厂房、旧仓库、旧民居，拆除违法建筑，“拆”出了发展新空间，“变”出了发展新资源，“改”出了发展新动力，使当年破烂的城中村变为现代服务业的集聚地，可以说是“三改一拆”成功的典型案例。

第二，实现了传统产业向新兴产业的转型。这里原先是旧工业厂房、陶瓷品市场等传统制造业、专业市场聚集地，现在到处都是创投基金、券商期货、资管公司。以各类基金产业为核心，嫁接了一系列的金融共生性产业和辅助性产业，形成了完整的产业链和生态圈；吸引了一批产业基金落户，建成了包括培训平台、生活服务平台、数据平台、行政服务平台等配套服务平台，为金融机构入驻小镇提供了良好的硬件、政策和服务配套环境。

第三，将历史传统文化与现代文明有机地结合在一起。杭州是“七大古都之一”，也是中国金融文化和商帮文化的重要起源地和集聚地，玉皇山南地区还是南宋古都“皇城”之地和南宋官方造币地，这都奠定了玉皇山南小镇深厚的金融历史文化底蕴，说是“无巧不成书”也好，说是“有心插柳”也好，在这块土地上构造现代金融小镇，可以说“推陈出新”，或者说是历史文化的“薪火传人”！

第四，将美好的生态环境转化成了经济上的财富，打造了“魅力经济”“美丽经济”。人们在这里工作、生活，正如一位入驻基金小镇的业主所说，可以“晨听清风，午赏落桂，夜邀明月”。正因为如此，能吸引一批又一批金融才俊入驻。不仅留住了人，也留住了心。

考察杭州地区的一些特色小镇，有一个感受，就是钱塘江两岸、杭州周边山区，将是杭州、浙江未来一个长时期发展的战略新高地，这里形成的产业生态链将带来核裂变般的杠杆效应。

五、关于提升发展的几点建议

第一，围绕以基金为主导的现代金融服务业，拓展开发更多的配套、衍生、辅助、共生平台，形成产业集群。现有的基础设施、培训、医疗、教育等配套服务比较健全，但在交易、交流和业态人士文化生活等平台方面还可以再做些深化文章，进一步形成集群规模效应。

第二，进一步做好“四个打通”的文章。一是打通省里正在规划的钱塘江金融港湾，充分抢占和利用这个资源，把小镇打造成港湾的主要码头；二是打通上海金融中心，充分利用区位优势，引进高端金融机构、人才，总部来不了，分部来也可以，整个公司来不了，几个人来也可以；三是打通国际金融市场，充分利用大数据资源和国际化人才，可聘请金融机构的知名人士作为基金小镇的智囊顾问；四是进一步打通与浙商、民营企业的通道，浙商中有大量从事金融行业、互联网金融的企业，浙商群中握有充沛的资金。

第三，进一步做好金融文化的建设。山南基金小镇有四大优势：区位优势、环境优势、历史人文优势和服务优势，尔后又开始形成了“基金”的产业优势。“产业优势”“业态优势”最关键，将是核心竞争优势，务必进一步巩固、拓展、提升。下一步还可以考虑形成“金融文化”“基金文化”优势。要讲好金融文化故事，营造好人文氛围，这样才能有更大的凝聚力。

第十二篇
一匹飞上蓝天的骏马

我们今天来云栖小镇学习考察，目的是感受实践发展前沿的鲜活景象。

云栖小镇是浙江省首批创建的37个特色产业小镇之一。说到云栖小镇，已是名声在外，它就像在浙江大地上新崛起的一匹飞上蓝天、飞上云海的骏马。取名“云栖小镇”颇有象征意义：既承接了这里原本有个“云栖”景区的地域文化，又体现了当今科技与产业融合发展——云计算、大数据的重要发展趋向，更是展现了由马云领军的阿里巴巴等一批从事云计算产业的大企业集聚的特点，真可谓“三云”际会，彩云当空。这非常有意义，可以说是时代发展的一个产物和缩影。所以，我们今天特地来学习、来了解、来感受西湖区的发展和我们这个时代进步、跳动的脉搏。

看了现场展示，听了你们对西湖区近年来和云栖小镇发展过程的介绍，使我们深受教育，给我们留下了深刻印象。云栖小镇正在全力打造云生态，发展智能硬件，形成基于云计算、大数据产业的特色小镇。云栖小镇的发展实践、发展特色、发展经验，可以说是一种“发展新象”，是互联网时代下“新常态”的一个生动实践。

一、互联网时代的一个生动实践

概括起来，云栖小镇的新崛起，起码有以下 6 个方面“新亮点”给我们以启示：

第一，云栖小镇的发展抓住了时代发展的大趋势。我们这个时代是科技主导发展的时代。我通过多年研究发现：人类现代经济的发展结构，可以概括为“一个主体、两个动力、三大平台”的结构模型。“一个主体”即实业、实体经济；“两个动力”即现代科技和现代金融，我们需要借鉴和追赶发达国家的最主要的就是这两个动力；“三大平台”就是城镇化、建立在法治基础上的市场经济体制（广义制度）和生态自然环境。这就像一架飞机起飞时需要的机身（主体）、机翼（两个动力）、三个条件（跑道、指挥飞机起飞的内在规则、自然环境）一样。云栖小镇体现的是现在人类最成熟的、最普及化的、最实用化的以现代通信信息技术为代表的信息技术和信息经济。人类经由农业经济、工业经济而进入了信息经济时代。互联网、物联网、云计算、大数据，就是信息技术、信息经济的集中标志。云栖小镇抢先发展“云”产业，可以说是抓住了当今时代发展的一个大趋势。当然，云栖小镇还要关注发展现代金融和互联网金融。互联网金融实现了现代科技和现代金融的结合，这也是一个发展趋势。“互联网＋”与“金融资本＋”两者结合得好、发展得好，将会是“美丽西湖，黄金遍地”，它们会产生核裂变般的发展效应。

第二，云栖小镇确立了创新创业的大目标。特色小镇大都应该是创新创业的新平台，它通常具有历史文化、区域空间、产业基础、发展环境等独特优势。云栖小镇提出了要建设成为中国创新创业的第一镇的目标。这是一个非常“高大上”的大目标，也是一个很值得花功夫去追求的理想。中国创新创业的“第一村”已经有了，这就是人人皆知的“中关村”。但“第一镇”“第一县”“第一市”尚未正式“横空出世”。云栖小镇提出要建设“中国创新创业第一镇”，应该说很有雄心壮志，有担当气魄，也很有意义。你们还提出了“构建中国云计算生态，打造云产业领域的达沃斯小镇”的目标。当然，这个“镇”主要不是个地理概念，而是有历史感、人文色彩、特色产业，甚至是被赋予了年轻人诗情画意的梦境，而且你们围绕云计算、大数据和旅游、艺术文化为主导的创新创业，这就有可能打造出“第一镇”“达沃斯小镇”来。不过，提出一个大目标不容易，但实现它则还需要付出千万倍的努力。“中国创新创业第一镇”，云栖小镇在全国首创、首提了，那么，具体蓝图、内容、条件、标志以及建设途径举措有哪些？这需要找准切入点、集聚合力，做长期的艰苦努力。

第三，云栖小镇打出了引领创新创业的大品牌。提出建设“中国创新创业第一镇”的目标，实际上也是打造创新创业的品牌。近年来，中国经济发展进入了新常态，全国到处呈现出大众创业、万众创新的热潮。谁能站在新一轮创新创业的最前沿，谁就能抢占新一轮发展的制高点。显然，这一轮创新创业、这一轮新发展，核心是以互联网为基础的现代信息技术和信息经济，也就是“互联网＋”或者说“＋互联网”。而现代信息技术、信息经济的下一步发展重心应是物联网、云计算、大数据技术及其智能硬件、软件产业的发展，它们将成为支撑未来发展的核心技术和动力之一。你们提出“5 年内拟集聚云计算平台上的游戏、电商、金融、APP 开发、智能硬件等各个应用领域的数千家企业和团队，实现云计算相关产值超过 200 亿元，税收 10 亿元，成为创业创新的圣地、创新人才集聚的高地、科技人文的传承地、云计算大数据科技的发源地”。这四个“地”:“圣地、高地、传承地、发源地”，也是很高的要求和目标。当然，你们旨在打出创新创业的品牌，形成创新创业的生态环境。我们认为，形成创新创业的良好环境，本身要有自己的品牌。这个品牌的核心灵魂，应该是“云栖”，就是“云计算”，就是“马云式”的人才。也就是说，云栖小镇的创新创业不是没有重点、没有特色、没有个性的，而是有自己内容和特点的，是围绕“云”的创新创业，是打造“云”发展所需要的生态文化环境。为此，云栖小镇提出了要为来自全球的高科技人才构建“创新牧场—产业黑土—科技蓝天”的创新生态圈。“创新牧场”是要成为草根创业者的舞台和沃土;“产业黑土”是要成为助力传统产业转型升级的技术平台;“科技蓝天”是要成为科技和人才的制高点，让他们飞向蓝天。品牌就是财富，就是竞争优势。一定要把“云栖”这个“云”品牌打响，这样可以吸引杭州、上海、北京和全国各地以及境外、国外相关领域的优秀人才。今后发展钱、项目不是主要问题，关键在于人才。另外，云栖小镇可以把引才引智的门槛设得低些再低些，也许“零门槛”还不够，应敢于善于用“负门槛”的“杠杆”作用。这样过不了几年，就可以达到“一本万利”的产出效应。

第四，云栖小镇引进了一批充满感召力、创新力、竞争力的大企业。企业本身就是资源，大企业更是一种品牌。大企业本身可以引进其他资源、其他企业以及和它配套的产业链。云栖小镇作为云计算空间集聚的发轫之地，自 2011 年建设以来，已集聚了阿里云、富士康、Intel、银杏谷、数梦工厂、华通、洛可可设计、猪八戒网、中航联创等 210 家企业，还有国家信息中心电子政务外网安全研发中心、杭州电子商务研究院等也落户小镇。云栖小镇的主导产业是以阿里云平台为基础，全力扶持云上创业创新的企业和团队，集聚包括游戏、移动互联网、APP 开发、电子商务、互联网金融、数据挖掘等细分领域的优秀的创新型科技类企业，引进风投创投基金机构，打造完整的云计算产业链。像“淘富成真”这个专门扶持中小微智能硬件企业和创业者的重点项目，也是由阿里云、富士康、银杏谷等共同发起设立，并直接提供互联网创业创新服务的。由此可见，云栖小镇和杭州城西北部的梦想小镇的一个主要差别在于，梦想小镇是为有创业梦想的年轻人提供起步的平台，这是从 0 到 1 的创业阶段，是孵化创业的，让有梦者行动起来，也就是去追梦、去行梦，走向圆梦之路，而云栖小镇不是一般的创业孵化，而是“催化”已经成型的企业，是“发酵”已经比较成熟的技术、产品、业态，是“撬动”和引领产业的发展；梦想小镇着重于创业，而云栖小镇则着重于创新，更为高端些；梦想小镇的行政化色彩比较浓，而云栖小镇在发挥政府作用的同时，企业自身的主体主导作用更明显。云计算、大数据时代的竞争，最关键的是生态、文化圈的竞争。政府要做好规划引导、政策扶持等服务工作，但最终推动特色小镇发展的力量还是企业，要让更多的市场主体发挥更大的作用，才是特色小镇的可持续发展之道。

第五，云栖小镇搭建了一个创新创业极具魅力的大舞台。已经连续举办了 6 届云栖大会，几年前仅有数百人参会的规模，而 2015 年的“云栖大会”，2 万多个参会名额在网上被创业者们一抢而空。国内 31 个省（区、市）均有人报名参会，还有不少是从美国、印度、以色列等国赶来参会的。除现场外，还有 127 万人次通过网络直播观看了大会实况。有那么多创业者不远千里、不远万里赶来参会，足以说明云栖小镇的知名度、吸引力。一年一度的“云栖大会”，是一个正值魅力四射的光彩舞台，成为云计算、大数据相关领域的盛大节日。这是一张含金量很高的金名片。它突出“云理念”“云技术”，以企业为主体，以产业为基础，以市场为导向，以创新创业为特色。为筹备“2015 云栖大会”，云栖小镇仅用了 85 天时间就建好了能容 2 万人的大会会场。这体现了“云的精神”，展示了“云的文化”，用“云的速度”来办“云的事业”了。这是可喜可贺、令人赞佩的。“云栖大会”蕴藏着无比深厚的“资源财富”，它本身就是无限可能的“大数据”，把它办成引领国际国内一流的“云技术”“云创业”的高端会展，其裂变出的能量将是不可估算的。

第六，云栖小镇正在筹办一个充满想象力、吸引力的民营大学。云栖小镇正在积极筹划建设一所私立研究型大学——西湖大学，以引进国内外一些著名的专家学者，培养、储备一批批高端人才，成为积蓄新科技和新人才的制高点。未来的竞争，核心的是人才的竞争，而人才竞争的背后是教育和文化的竞争。云栖小镇这一带自然生态环境优美，山水风光如诗如画；这里也已有好几所大学云集，还有一批具有特色的中等专科学校；再说，作为中国首个云产业生态联盟——“云栖小镇联盟”的诞生地，阿里云开发者大会——现改名为云栖大会的永久举办地，已聚集了一大批高素养人才，开始形成了创新创业的科技文化氛围。筹建在体制、专业、教育理念等方面都颇具特色的西湖大学，无疑将成为云栖小镇、杭州、浙江都是一个新亮点。它将丰富西湖的文化内涵，提升杭州的文化品位，是我们时代进步的一个缩影，更是未来发展的一个新“引擎”，是十分让人期待的大好事。

二、飞上蓝天的更美好未来

上述六点是云栖小镇发展给我们的体会，是云栖小镇发展的经验，同时也是我们对云栖小镇创造更加美好未来的希望。

这里，提几个建议以供参考：

一是云栖小镇一定要用现代“城市”的理念来规划、建设，将生产、生态、生活，现代科技、创业创新、人文、教育、旅游、医疗等综合配套起来谋划，它不是“开发园区”，也不是“地理小镇”，而是一个有特色的“现代之城”。

二是“云栖之城”要有核心的理念和独特的发展定位，它也许应该突出“云者”“工程师”“海归者”“创业者”“外国专家”的安居乐业之城，换句话说，要有自己独特的发展定位。

三是云栖小镇的规划设计、建筑设计一定要有品位，要有文化，要有风格，要出精品，要与这里的环境、文化、产业相协调，再不要搞那些过时的厂房式设计了，要下决心逐步淘汰那些标准厂房式、火柴盒式的建筑物。

四是云栖小镇要重视浙商的力量，浙商中有大量从事“互联网＋”、现代信息技术相关产业的企业，这方面可以与《浙商》杂志、浙商世界网多合作,《浙商》杂志、浙商世界网应利用传媒优势多为云栖小镇服务。

（本文根据作者 2015 年 12 月 4 日考察云栖小镇时讲话录音整理）

第十三篇

青山湖畔云飞扬

目前，省委、省政府正在着力打造杭州城西科创大走廊，临安青山湖科技城正是其中重要节点，未来发展前景不可估量。

此前，我对青山湖科技城卓有成效的发展早有耳闻，一直想来亲眼看一看，今天终于成行了。我与临安其实有一点点因缘关系，20 世纪 90 年代末，搞农村教育，我作为市委常委联系临安，这里淳朴的民风和优美的风光给我留下了深刻的印象，但不可否认的是，那时的临安县城建设、经济发展还处在比较落后的阶段。

刚才，张振丰书记简明扼要又系统地介绍了临安目前发展的思路和成就，王敏市长带我们参观了企业、人才云集的青山湖科技城，正在风生水起的云制造小镇、云安小镇，以及所见所闻，可以说颠覆了我心目中的临安形象。原来意义上的县城概念已成为过去，取而代之的是一个新型城市化特征明显、创新要素集聚、发展势头良好、生态环境优美的现代临安。

现在的临安变化之大、发展态势之好，让人不由自主地想起当年刘邦回故乡时曾引吭高歌的诗句：“大风起兮云飞扬！”今天，参观了云制造小镇、云安小镇、西子电梯产业园等新型科创项目和科技城展示馆，看了沿途优美的生态环境，听了你们对发展思路、发展业绩和未来前景的介绍，我油然萌生了一个感慨：“青山湖畔云飞扬！”

总体来说，你们的发展有以下 5 点给我们留下了深刻印象。

一、大都市中的青山湖

刚才张书记介绍了，临安目前把“新型城市化”建设作为发展的重要战略，积极与杭州主城接轨，坚持跳出临安发展临安，并统筹城乡发展，以城带乡，协调推进。我以为，这样可以最大限度地吸引人口迁移，集聚优质要素和创新资源，推动县域经济向城市经济提升，形成良性循环。你们很好地把这个战略付诸实践。我们在来的路上，车子行驶在临安境内，不看路牌，真分不出哪里是杭州城，哪儿是临安，在青山湖一带，完全是同城化了。而且，我看着宽阔干净、合纵连横、景观上乘的马路和路边的建筑设施，深切地感到你们的城市规划、交通和公共配套等基础建设，都已基本向高标准的城市化方向迈进了。

科技城建设也始终坚持高端定位，把建设“国内一流、国际先进”的园区作为发展目标，从顶层设计入手，提出了从建区向造城、从大建设向大发展、从集聚高端要素向推进科技成果产业化转变。这些都体现了你们的高标准、高要求。

现在临安与杭城接壤区域，基本已同城化了。青山湖也不再只是临安的湖，而是杭州大都市中的湖了。这是具有历史意义的飞跃。你们的实践证明，在具有良好优势的土地上，坚守高起点、高定位，迟早是能创造出高品位成果的！

二、徐徐开启的发展序幕

刚才听张书记讲了一组数字，2015年临安市GDP总量是465亿元，同比增长8.5%，财政收入突破60亿元大关，同比增长10.5%，农村居民收入5年内翻番、高新技术产业产值占比超过50%……在经济大环境如此困难的情况下，你们还能保持如此比较高的增长，而增长的质量、效益也比较好，是非常不容易的。

人们常说，“十年磨一剑”。在你们的努力下，只用了5年时间，科技城的框架和规模就已初步成型。相继成为浙江省高新技术产业园区、杭州国家自主创新示范区，呈现出了“创新要素集聚、产城融合互促、发展环境优化”的良好发展态势。2015年，实现规模工业销售产值313.4亿元，财政总收入18.3亿元，完成固定资产投资70.2亿元。

云制造小镇是2015年8月才挂牌成立的，建设时间还不到半年，但是，小镇的规划建设框架已经形成、产业布局也已有序推进。一座座楼宇正拔地而起，一家家高端制造研发企业相继入驻，一批批科研人才纷至沓来。这里的发展速度如此喜人，发展势头如此良好，可喜可贺。

但是，你们也只是打实了发展基础，或者说徐徐拉开了更大发展的序幕，开场不错，好戏、大戏应在后头。

三、登高望远的“天目之山”

在产业定位上，你们围绕先进装备制造、网络信息安全、生物医药和节能环保等创新型科技型产业进行布局；在创新资源集聚上，你们拥有一批“国千”“省千”的精英人才，集聚了几十家科研院所、高校、研发中心等技术机构，建成了如西子产业园、南部电源等有高端设备、高产出效能的好项目，引进了联飞光纤、华立科技园等发展前景好、技术含量高的大项目；在创新配套体系上，你们打造了集知识产权保护、科研成果展示交易等于一体的公共服务平台，完善政策服务、优化创业环境、提供金融配套……这些布局的推进，虽然前期可能会进程缓慢、举步维艰，但现如今它们为科技城下一步发展打下了良好的基础。

可以这样说，你们砥砺前行的初始阶段已经过去，灿烂的黎明即将到来。我们相信，青山湖科技城必将发展成为杭州、浙江乃至全国的科技创新中心和高科技产业化的一个大基地。建造科技创新大基地，打造科技人才大本营，将是临安未来登高望远的“天目之山”。

四、即将迎来“井喷”时代

无论从杭州城市的功能区位、科技发展，还是临安的地貌优势、环境优势、发展基础来看，我们有一种直觉的预感，就是临安即将迎来一个更大发展的“井喷”时代。

青山湖科技城和临安具有独特的综合发展优势，别的开发区一般没有这种综合优势。

临安的综合优势可以概括为五大方面：

第一，极具发展潜力的区位优势。在我看来，未来杭州发展最大的增长点是在杭城周边地带，而西部又是其中最具潜力的区位。从梯度发展的角度看，未来杭州增长梯度的空间布局也将逐步西移，临安这片山区高地必将成为未来发展战略的风水宝地。

第二，风光迷人的生态环境优势。临安境内低山丘陵和河谷盆地相间交融，各类水域交错分布，可谓要山得山、要水得水。青山湖碧波荡漾，山涧溪水潺潺。临安全境生态优良，四季风景如画。得天独厚的自然环境，使这里拥有了高强度的发展韧性和回旋余地，成为诱人的发展“资本”。

第三，深厚悠久的历史人文优势。临安是吴越故里，一代君王钱镠就是临安人，他奠定了杭州发展的基本格局，开启了“人间天堂”的千年锦绣。钱镠在位期间曾造就了“钱塘富庶盛于东南”的繁华盛世。当然还有佛教、道教传统文化等。

第四，丰富多彩的旅游资源优势。临安素来以山清水秀、风景毓秀而著称。有名声在外的浙西“大峡谷”；有闻名遐迩的“山核桃”；有著名的天目山；在神奇的天目山有全世界古老的树木和华东地区最大的树木；有让人心旷神怡的新鲜空气；有极富刺激的滑雪山地等。这些优势，既是宝贵的旅游资源，也是招引人才、吸引企业、集聚资源的“软利器”。

第五，名扬天下的石文化优势。鸡血石是四大国石之一，最早被发现在临安的昌化。你们可以想办法“以石带城”“以石扬名”，利用鸡血石文化打响临安的品牌。

拥有单个优势因素的开发区也许有很多，但是有如此多优势叠加的地区是非常少的，临安的发展环境十分独特。综合优势是一种整体优势，也是一种厚实、持久的优势。

重要的还在于，你们以“五大综合优势”为基础和依托，又培育出了一个更高层次、更富活力的发展新优势——科技创新优势。临安正朝着科技资源集聚区、技术创新源头区、高新企业孵化区、低碳技术示范区“四区”融合的方向昂首阔步，一个以高、精、尖产业为发展主体的科技新城，就像清晨冉冉升起的初阳，孕育着蓬勃的能量和光芒。

五、蓄势待发的“黄金节点”

因为杭州西部的区位优势和地域空间的可拓展性，以及城西科研院所和科技人才密集的优势，省委、省政府计划在这里打造一个以人才和创新型企业为核心动力的“硅谷式”科创平台：城西科创大走廊便应运而生了。而临安，无疑是这条大走廊的“黄金节点”。

第一，你们已织好了高端产业集聚这张网。青山湖科技城发展定位于创新技术的研发、高新企业的孵化和高端制造产业的培养。如今，科技城已初步形成了以高端装备制造业为主导，节能环保、新材料、新一代信息技术等产业协同推进的发展格局。在考察了省内几个特色小镇后，我有一个感受，就是今后各地的发展竞争，将是集群式的竞争。打造出一个高端发展的核心产业，就可以衍生、吸引更多辅助性产业的集聚，由此带来核裂变般的发展效应。所以，必须紧紧围绕一两个拳头产业或发展优势，从而形成发展高地，发挥其溢出、辐射的集聚效应，由此起到事半功倍的杠杆作用。

第二，你们已开始布好了人才这个棋局。科技城紧紧围绕“智慧科技临安”的目标，完善人才工作机制、创新人才工作载体、强化人才服务保障，突出“招引”“激励”“服务”这三个关键，送出了一系列人才政策“大礼包”，再加上这里的综合优势，由此吸引了不少身怀绝技的年轻创客到这里创业。大家知道，眼下和未来的竞争，最主要是科技创新的竞争，而背后则是人才的竞争。

第三，你们已起步牵手金融资本这个“大酵母”。我们到过以实体经济（云计算产业）为主的云栖小镇，也考察过以金融资本经济为主的玉皇山南基金小镇，今天我们在这里看到了两者的结合：科技城有云制造小镇，也有基金小镇。这让我们惊喜。科技城以创新链、产业链、金融链“三链融合”为重点，启动了孵化器种子资金、创业投资引导资金、科技金融风险池等金融配套服务，开始探索将现代金融和现代科技相结合的发展路子。这是完全符合现代经济发展规律的。因为，金融资本是人类现代经济发展或者说现代财富运行的“酵母剂”。

总之，临安和青山湖科技城的特色，就是你们的发展优势！特色就是资源，特色就是财富，特色就是竞争力。这些特色优势，你们要继续保持和发扬光大。

六、期待青山湖畔有更多的彩云飞扬

我们期待青山湖畔有更大的科技创新之风，让创新发展的“大风起兮”来得更猛烈些，让青山湖畔的“云制造”更加缤纷精彩，处处彩云飘荡。为此，提几条不太成熟的建议供参考。

第一，坚持以综合优势为基础、以特色优势为主导的创新发展。如何将你们的特色优势——产业优势更深入地挖掘，如何利用上面所说的“五大综合优势”为特色优势服务，将特色优势打造成你们的核心竞争力？这是你们应该继续深入思考和着力解决的问题。综合优势再加上新形成的科技创新的产业优势（特色优势），两者互动互进，是临安和科技城的制胜法宝，也是不二法门，做深做透它，将成为你们赶超发展的秘诀。

第二，要走出一条将“生产、生态、生活”有机结合的发展新路。临安在这方面可以说有自己丰富的经验，已经取得了相当不错的成绩，但还需要再接再厉。你们有绝佳的生态、便捷的交通、独特的区位、丰富的物产和深厚的文化底蕴，这些都是临安发展的优势。建议你们将“创新、协调、绿色、开放、共享”五大发展理念，创造性地与临安的发展优势相结合，将临安打造成五大发展理念落地生根、开花结果的先行区，走出新常态下转型发展的新路，提供鲜活的发展经验。

第三，倾力打造中国智能制造、工业互联网发展的青山湖新高地。现在，我们已越来越清晰地意识到，经济发展的支撑仍在制造业上，而工业互联网、工业 4.0、工业制造智能化是未来制造业发展的主导方向。但是，和欧美等制造业强国相比，目前中国制造业的水准还是比较落后的。可以说，我们还处在工业 3.0 的进程中，远远未达到工业 4.0 的水平。工业 3.0 的最主要特征是单机设备的自动化，但我们还远未实现。

刚才，我们参观了西子电梯产业园，它里面的单机设备自动化、数字化程度已经比较高了，并实现了部分设备的联机生产，这在国内已经非常领先，可以说是名实相符的高端制造设备了。接下来，像西子电梯产业园应该做的是实现工业 3.5。借用德国人的概念来讲，就是要向实现信息物理系统去努力。

而真正的工业 4.0，就不只是单个工厂层面的问题，而是在工厂机器的自动搜集、自动感应、自动运转、自动判断和自动决策的基础上，将整个行业、上下游供应链乃至全球的资源互为联通，并能自主判断和决策。那时候，实现众包设计、人性化生产和个性化定制便是家常便饭了。

据推测，全球工业 4.0 将是未来 10—20 年的事。中国实现工业 4.0 则有更长的路要走，大约要到 2050 年左右才能跻身世界先进制造业强国之列。现在，我们应着力做好工业 3.0 和改造提升工业 3.0 的文章。工业 3.5 是下一步的重中之重。希望你们把握住制造智能化，不要被一些过于理想化和虚幻概念所左右，定位好发展着力点，运用好工业互联网、现代信息技术，在信息化与工业化（智能制造）深度融合上，去寻求新突破。

第四，主动引进一批专门提升现有装备性能的技术和企业。正如前面所说，中国的工业技术形态千差万别，但总体而论，是基本完成工业 1.0、2.0，刚刚推进工业 3.0，耳边听到了工业 4.0。工业 4.0、工业智能化是发展方向。但我认为立足现实，当前加快推进工业 3.5 是着力点。因此，我们要把智能化制造和制造智能化结合起来，并且向制造智能化发力，帮助企业降低成本、提升生产效率和管理水平。此前，我们考察过一家专门从事制造物联系统研究的公司——力太科技，他们的系统通过物联网技术，实时感知工厂中的研发、设计、生产、监管、运营、销售等各个环节的数据，通过无线网络发回生产控制中心，进行分析和控制，基本实现企业主要要素的联通，让整个企业实现网络化、信息化和数字化。也就是说，他们在抢占工业 3.5 的市场高地。如果你们能引进这一类企业并能形成集群产业，那将会迅速形成制造智能化的竞争优势，抢占潜力巨大的市场先机。

第五，做好现代科技与现代金融相结合的文章。我通过多年研究发现：支撑人类现代经济发展的动力结构，可以概括为“一个主体、两个动力、三大平台”。“一个主体”即实体经济，就好像飞机的机身；“两个动力”即现代科技和现代金融，就好像飞机的两个机翼；“三大平台”即城镇化、建立在市场经济体制下的现代法治（广义制度）和生态自然环境，就好像飞机起飞时所需的跑道、规则和自然环境。

而其中的两个动力，科技是技术杠杆，金融是资金杠杆，它们共同驱动起了人类经济的起飞。金融资本其实是世界上最大的经济体系，中国的 GDP 总量为 60 多万亿元，而银行业的资产规模就已近 200 亿元；2007 年全球金融资本量高达 230 万亿美元，是当年全球 GDP 的 4.21 倍。现在说到一个独立国家的经济体，光说实体经济和虚拟经济已经不全面了，它实际上是由三个方面组成的：一是实体经济，二是货币经济，三是金融资本市场。金融资本市场的总量大大超过了前两者之和，并成倍放大。在现代经济运行体系中，金融资本已取代生产资本而占据着主导地位。但金融资本经济应与实体资本经济有机结合，互融共进，才是根本出路，不然，金融危机在所难免。

希望你们在实际中把这两者结合好，使之相辅相成。优秀的科技企业会吸引大批基金（资金）的进入，而资金的投入会使科技成果加快产业化、市场化。

第六，进一步加大宣传和招商的力度。充分利用好浙商这个资源，在浙商中挖掘一批从事新兴制造产业的先行者入驻，吸引更多的浙商资本来发展。这一点你们可以与《浙商》杂志合作，他们旗下有世界浙商网，新闻宣传是他们的优势；同时，他们有个浙商全国理事会，拥有一大批省内外浙商精英。双方也可以在活动上相互合作。

总之，贯彻落实好创新、协调、绿色、开放、共享新发展理念，做深你们提出的“保护第一、规划优先、定位高端”的发展思路，发挥好临安的发展优势，抢抓新的发展机遇，奋力拼搏，青山湖畔必将会有更强劲的发展“大风起”，会有更多彩多姿的“云飞扬”！临安的明天一定会更加灿烂辉煌！

（本文根据作者 2016 年 1 月 13 日考察青山湖科技城时讲话录音整理）

第十四篇 互联网医疗带来了什么新变化

袅袅炊烟起，水乡入画来。今天，我们到具有深厚历史文化积淀的江南古镇、茅盾的故乡——乌镇调研考察，大家知道，如今的乌镇又是世界互联网大会的诞生地和永久所在地。在这块古老而富有诗意的土地上，也成了中国首家互联网医院的诞生地。

一、一个古老而又现代的话题

一来到乌镇，我们在欣赏江南小桥流水人家的同时，不由自主地会思考这样一个问题：具有 5000 年悠久历史的中国传统文化与现代最前沿的科技文化何以能有机结合？

这是一个宏大的全球性课题，也是一个现实生活中的难题。但乌镇的发展实践，给了我们一个非常鲜活的成功案例：悠久的中国历史文化、独具韵味的江南风情，是可以和人类最前沿的现代科技文明成果完美融合、相得益彰的。正如习近平主席在第二届世界互联网大会开幕式上的讲话中指出："去年，首届世界互联网大会在这里举办，推动了网络创客、网上医院、智慧旅游等快速发展，让这个白墙黛瓦的千年古镇焕发出新的魅力。乌镇的网络化、智慧化，是传统和现代、人文和科技融合发展的生动写照，是中国互联网创新发展的一个缩影，也生动体现了全球互联网共享发展的理念。”我们的时代需要创新发展、协调发展、绿色发展、开放发展和共享发展，而“融合发展”是其核心要义之一。

二、回头看，风光也灿烂

今天走访乌镇互联网医院，我还有另一个想法，就是：只要具有普遍性、真理性、科学性、共享性，无论是技术还是人文都可以相互融合，都能够运用于社会并造福人类，而且是值得我们去探索、奋斗、献身的。互联网技术及各行各业无不如此。

记得三四年前，在我担任浙江省智慧城市协会会长期间，曾专门到微医的前身——挂号网去考察过，廖杰远董事长当年也同样富有激情地给我们介绍了互联网医疗的发展前景及困难。但今天，挂号网已成长为中国首家互联网医院，成了中国智慧医疗领域的排头兵。真是过了千山排了万难，终于走在山坡的一个高点上了。

回头看，风光也灿烂，往前看，风光更无限。创建于 2010 年的中国挂号网——微医集团，用了 5 年多时间，就在中国大地上创造了自己跨越发展的奇迹，也创造了中国互联网医疗的新历史。如今，已与全国 27 个省份的 1900 多家重点医院的信息相联相通，拥有超过 1.1 亿个的实名注册用户和 20 万名网上专家、医生，截至 2015 年 12 月已累计服务患者 5 亿人次之多，约为人们节省了 4000 万个工作日。微医是国家卫计委（原卫生部）批准的全国就医指导及健康咨询平台，近年来快速成长为国内最大的互联网就医服务窗口。廖总率领的团队创造性地把互联网信息技术运用于医疗、健康领域，为推动中国智慧医疗事业发展作出了积极贡献，得到了社会广泛认可，令人鼓舞，可喜可贺！

此次考察，让我们心潮澎湃、深受感动。这些年来，微医集团克服种种困难，坚持不懈地追求奋斗，付出了艰辛代价，也收获了成功的喜悦，在智慧医疗领域做出了骄人业绩，为提升百姓健康和推动社会进步奉献着自己智慧，多次受到党和国家领导人的肯定，对这样的企业，我们由衷地感到敬佩，要为你们点赞再点赞！

三、“微医们”带来了什么新变化

考察了微医集团，听了廖杰远董事长有关互联网医疗演进情况的介绍和杭州民生药业集团董事长竺福江关于加快大健康事业发展的演讲，深受启发。下面，我着重围绕着乌镇互联网医院（微医）和互联网医疗发展，谈几点感受与企业家朋友们分享。

（一）“微医们”是运用互联网技术推动社会进步的开拓者

大家知道，时代的变迁、经济的发展、社会的演进，已越来越取决于人类科学技术的进步。

当今人类，现代科技中最被广泛应用的就是互联网技术或者说信息技术。可以说，世界上没有任何一种技术比互联网技术更为广泛地影响人类发展和每个人的生活。在我们中国，从技术创新角度讲，我们的多数技术或许不如发达国家，但唯独在信息技术的运用普及上，我们不落后于发达国家，甚至可以说是屈指可数的先行国家。在今日中国大地上,“互联网＋”正成为一种“新常态”“新趋势”。大家也常常提到“互联网＋”或者“＋互联网”的区别问题。其实，前者侧重于讲运用互联网技术去创造新业态、新经济，也就是创造出“新模式的东西”来，而后者则是讲运用互联网技术去改造传统的业态、已经存在的“模式”，在旧的东西的基础上提升、生长出新的品质来。但它们都需要实践探索，也都是一种技术创新行为。不管怎么说，在我们今天这个时代，谁能尽早认识并拥抱互联网技术，谁就是先知者和开拓者。我们要热切地运用互联网技术去推动经济发展和社会进步。无论是企业家还是我们每一个人，都应该认识、了解、运用现代信息技术。谁站在科技发展前沿，谁就拥有更多的发展机遇；谁把科技成果运用得好，谁就能创造更多的财富。我们要顺科技进步趋势而动，用科技新成果去武装自己、造福人类。

“微医们”成功地把现代信息技术运用于人类医疗健康事业，成为我国乃至世界上“互联网＋医疗”和医疗健康“＋互联网”的先知先行者，生动地演绎出了如何运用现代信息技术去推动经济社会发展的精彩轨迹。

（二）“微医们”是群众健康的造福者

现代信息技术是现代科技发展的大“洪流”，而现代信息技术广泛运用于生活是现代经济社会发展的大趋势。随着人类生活水平的提高，群众需要拥有更健康的生活、更健壮的体魄，这也是现代社会的发展规律和趋势。

微医集团的创新模式，或者说互联网医疗事业的发展，就在很大程度上满足了群众的生活需求。

首先，微医集团通过聚合全国重点医院、学科带头人、副主任以上医师，提供预约挂号、在线诊疗、电子处方、在线配药等全方位的服务，实现了现有医疗资源的有效整合利用，是市场经济条件下资源有效配置的生动体现。

其次，通过医院窗口外移至网上、群众家门口并将用户需求接口移到网上，从而很大程度上满足了群众的就医需求，有效缓解了看病贵、看病难等问题。

再次，这种探索还极大地降低了医疗服务成本，并能在更大范围内普及医疗健康知识。

此外，还可以开发出许多医疗新产品、新服务，广泛地促进医疗健康产业的发展。

因此，加快发展互联网医疗事业，是造福老百姓的大好事。

（三）“微医们”是医疗体制改革的弄潮儿

从一定意义上讲，发展互联网医疗最大的难点不在技术，而主要是医疗体制问题。

医疗改革为什么那么难？原因有很多，其中涉及行政、医疗、社保等体制性“交叉多、层级多”难题。而“微医们”的诞生、成长过程，就在很大程度上直接推动了我国医疗体制的改革，并且使得我国医改中出现的许多难题逐步得到了突破和缓解。

目前，我国最难改革的课题之一就是医疗体制。医疗是事业也是产业，医疗是个人的事情，也是政府的事情，医疗体系面临许多亟待解决的复杂问题。但正是由于有了像微医集团这样的企业在不断地与市场磨合，不断地与现行医疗体制的“碰撞”，才逐渐探索出了解决现行医疗体制诸多矛盾的出路。比如，医疗区域行政体制、医疗社保体制、看病难等问题，都是互联网医疗发展绕不过去的门槛，但恰恰也是互联网医疗技术可以提供有效的解决路径。

我们相信，凡是符合经济发展规律，符合科技发展规律，符合群众利益，符合分享经济趋势的各项改革和创举，迟早是要前行的，是有发展前景的。如今，体现分享经济发展趋向的“优步”，都那么艰难，争论不休，可想而知，医改不知道要比“优步”复杂多少倍。但是，时代总是向前进步的，过时的体制迟早是会变革的。企业家们要坚定改革和发展的信念，虽然过程可能十分艰难痛苦，但今天的付出总会换来明天的收获。

（四）“微医们”是推动医疗运行模式的创新者

微医集团等互联网医疗企业的兴起，也变革和创新了我国现行的医疗运行模式。

在网络化分级诊疗模式方面，可以更大限度地通过互联网技术平台去重组医疗资源，创新网络医疗新天地。在互联网医疗平台上，可以形成专家团队模式，可以跨医院、跨时空、跨区域、跨学科匹配医疗资源，提升配置效率，挖掘专家空闲号源，实现网络会诊转诊和远程协同，更可以共享临床科研数据的协同优势，把顶级医院资源和专家经验下沉、前移，使基层医疗服务能力和患者满意度得到提升，从而能有效弥补当前医疗资源短缺和医疗体系的许多缺陷。在医患对症匹配上，可以实现从排队预约到对症预约，并能便捷地实现双向转诊。现在，微医集团还将与大街小巷的药店、社区的医疗服务网点相连，进而编织出线上线下有相当组织化的大规模网络化运行模式。

此外，互联网医院的出现，可以迅速提升医疗档案的数据化，不仅能够实现电子病历的共享，还可以促进远程医疗、在线医保和电子处方的发展，尤其可以推进中西医融合和大数据医疗发展。因此，互联网医疗事业（技术）的发展，已经并将进一步引发医院内外、线上线下各类医疗资源的优化配置，推动我国现行传统医疗运行模式发生新的变革和进步。

（五）“微医们”是智慧医疗商业模式的探索者

互联网医疗也就是智慧医疗、智慧健康。那么，“微医们”作为网上医院、智慧医疗和市场化企业，如何才能可持续发展，如何具有生存和发展下去的生命？

这就需要探索出商业经营模式，找到市场运行的“营利点”。微医集团抓住了互联网技术的要害，定位在一个平台＋医院＋患者＋医生＋政府＋药品流通等的整合上，为医院医生、地方政府、病人患者、药品商家提供增值服务。微医的公共服务平台全免费，通过原挂号网等积攒起来的用户资源，形成了医患关系的规模效益。微医在盈利模式上，目前仅健康险就吸引了280多万个付费用户。这正是由于人们看到了未来健康险的发展将会极大地促进整个医疗行业提升的价值。

此外，运用互联网医院这个窗口，还搭建起了智慧医疗产业链的大平台，可以推动医药、医疗器材、健康产业的新发展。更重要的是，互联网医疗、互联网医院、智慧健康本身就展现出了极富投资价值的广阔前景，从而成为未来资本市场的一个新“宠儿”。如此等等的互联网医疗商业模式的探索，都为互联网医疗事业的可持续发展，打下了可靠的市场化基础。

（六）“微医们”是推动健康产业发展的开拓者

参观中，我们第一次看到了中医标准化看病的仪器，运用中医手段给患者看病的智能化产品，还有与空军有关方面合作的睡眠监测仪器，可以实时监测入睡者的睡眠质量以及各项生命体征并且能提出建议，以及家庭、社区智能医疗的一些新产品。如此种种，都告诉我们：随着互联网医疗技术和医疗模式的创新，将会衍生和开发出大量现代医疗健康新产品、新服务，从而推动健康产业的大发展。

四、微医在手，健康久久

我们要由衷地为乌镇互联网医院、为微医集团点赞，为从事健康产业的企业家们点赞！

在健康产业、互联网医疗领域会不会产生新的“马云”呢？廖总率领的微医集团已经在智慧医疗领域成了行业翘楚，走在最前沿了。继续努力前进，也许有可能成长为互联网医疗领域的“阿里巴巴”。马云是从做网上购物的淘宝网起家的，而“微医”做的是网上医疗，是在网上淘健康之宝。

你们微医集团现在的宣传语是“就医不难，健康有道”。这是一句内容很好、文字简洁、能概括互联网医疗作用和意义的企业宣传语。不过，我想还可以有一句更能个性化地反映你们企业使命和特点的宣传语，“微医在手，健康久久”。当然，只是建议，供你们参考。

（本文根据作者2016年3月16日考察乌镇互联网医院讲话录音整理）

第十五篇
你们正在“巧妙”地创造甜蜜的事业

初春时节，我和浙商发展研究院的同志们一起，来到嘉善这片丰饶的土地上，主要是慕名来考察嘉善特色小镇的建设情况，重点是现场参观名声在外的巧克力甜蜜小镇。

嘉善近年来将特色小镇培育作为重点工作之一，并取得了积极成效，这一点我们早有耳闻。作为 37 个首批创建省级特色小镇之一 ——巧克力甜蜜小镇在建设主题上无疑是十分独特而新颖的。参观过程中，我们品尝了香味四溢的巧克力、参观了现代化的巧克力生产工厂、游览了具有欧式风情的旅游园区，这一切都让我们见识到了产业、文化、旅游三者融合发展带来的无穷魅力。许晴等同志介绍了嘉善近年来的发展情况和特色小镇建设情况，给我们留下了深刻印象，让我们感触颇多。

下面简单谈谈我的几点感受。

一、创造发展的新奇迹

嘉善是个人杰地灵之地。这里一马平川，江河交错，稻香鱼跃，小桥流水，是典型的江南水乡。改革开放以来特别是近些年的快速发展，嘉善大地发生了巨大变化。这次现场参观，进一步刷新了嘉善县在我们脑海中的原有形象。

首先，嘉善已从农业大县发展为经济大县。嘉善地处平原，虽说物产丰饶，但空间资源有限。过去的嘉善是一个稻花飘香、绿野舟停、以农业经济为主的江南鱼米之乡。经过长期以来的努力，嘉善克服要素禀赋不足等制约因素，立足本地特色，大力推进工业化，积极发展县域经济，不断优化经济结构，主动对接上海，实现了由传统农业县到工业县、从资源小县到经济大县的历史性跨越。

其次，推进转型发展亮点纷呈。嘉善在农业文明、农耕文明和一般工业文明的基础上，根据省委、省政府要求，积极推进科学发展、转型发展。你们培育了一批脱胎于块状经济抢占优势产业的特色小镇，打造全新的创业生态系统；你们积极推动产业转型升级，既注意发挥原有一产优势，发展了一些农业特色镇，又深挖第二、第三产业潜能，提升木业家具、五金机械等传统优势产业，加快新能源、高端装备制造等新兴产业的集聚。尤其以西塘古镇为代表的旅游业发展和巧克力甜蜜特色小镇，更是成为嘉善转型升级的新亮点。

再次，用新理念谋划新发展，实实在在推进供给侧改革。我们参观的云澜湾温泉度假小镇、巧克力甜蜜小镇，作为一个产业和发展的集聚空间，本无此物（地），是你们一砖一瓦从零开始打造的，实属“无中生有”。但你们这些项目符合产业发展方向，符合市场导向，能满足社会消费需求，有特色，有生命，有效益，其实就是一种结构优化、转型升级，就是一种“供给侧改革”“供给侧发力”。

巧克力甜蜜小镇就是活生生的供给侧改革的典型，我们中国鲜有巧克力产业，更没有自己的巧克力品牌，过去我国巧克力市场需求完全依靠进口来解决，而“歌斐颂”巧克力品牌引入国内生产并探索开发自己的巧克力品牌，可以说是填补了我国巧克力市场空白。你们的大胆尝试创造了新的市场、新的需求、新的消费！

我们还深切地感受到，嘉善正由乡村社会向城镇化社会转变。随着工业化和城市化的推进，由传统农耕式的乡村社会向城乡一体的城镇化社会演化，是符合历史发展规律的趋势。你们顺应这一发展趋势，主动谋划发展布局，充分发挥资源集聚效应，积极推进城乡一体化，尤其通过古镇保护开发、经济园区和特色小镇建设，更是加快了建设城镇化社会的步伐。

嘉善和全省各地一样，在发生历史性的巨变。你们在这块一马平川的大地上，描绘新蓝图，谋划新发展，书写历史，创造奇迹，也在造福着人民的福祉！我们为嘉善的发展和进步而感到欢欣鼓舞，你们的实践也让我们真切地看到了“创新在基层”“活力在基层”的生动画面！

二、特色小镇的新作为

听了你们两年来培育特色小镇工作情况介绍，我们深刻感到，嘉善县十分重视创建特色小镇工作，的确把培育特色小镇作为县委、县政府的重要中心工作，认识有高度、工作有力度、推进有速度，初见成效，并积累了不少好经验：

第一，形成了一个“培育有梯队，推进有典型，建设有形象，产业有发展”的生动活泼局面。

第二，特色小镇建设有声有色、富有成效，初步走出了一条培育省市级的在建、申报创建和谋划创建的“三级梯队”的路子。

第三，理念领先、定位精准、特色鲜明。你们按照创新、协调、绿色、开放和共享发展理念，坚持生产、生活、生态“三生融合”和产业、文化、旅游“三位一体”的目标，把新项目、新产业、新要素、新平台有机结合起来，推进转型发展，培育发展新动能。特别在坚持“一镇一品”、避免千镇一面的基础上，培育了一批主题新颖、产业鲜明的特色小镇，巧克力甜蜜小镇就是依托巧克力工业旅游等项目资源而兴起的。你们致力于打造“巧克力小镇”“中国最甜蜜的地方”，这也许是国内独一无二、国外也罕见的“特色绝活”。

第四，建立了一套创建特色小镇的工作机制。从理念、规划、政策配套到政府服务等各方面都形成了运作良好的机制，为入驻企业和人才的招引提供良好的条件。

第五，积累了培育特色小镇运作的工作经验。比如，一是坚持创建高标准、高起点。你们的小镇培育思路“产业＋新内涵、新形态”和“现有平台＋新要素、新功能”，依托现有产业和现有平台的基础上，必须有所创新，体现转型发展新理念，而不再重复原来一般工业化、城市化的思路，坚定地走新型工业化、新型城镇化路子，规划、创建、项目、企业、产业都应该是高起点的。二是集中力量办大事。这既体现在传统意义上的资源、政策和资金的集聚，更是鼓励小镇创建主体集中精力做强特色，做到“人无我有”，如巧克力小镇。同时还表现在工作方法上，要集中精力、集聚力量，突出重点，办一个成一个。三是以产业为基础，打造“聚”而“合”的产业集群。

甜蜜小镇以巧克力工业为基础，顺藤摸瓜，延伸甜蜜产业链，将旅游、婚庆、文创、摄影、幼儿教育、科普知识、民俗风情等各类项目融入其中，推动三次产业融合发展，其产出效益就远远大于单个产业简单相加带来的经济效益。四是借力发展，充分利用周边城市的人流资源和消费潜力。嘉善是“浙江接轨上海第一镇”，地处长三角两小时经济圈中心，这个优势利用得好，就是你们的最大资源、最大财富！

建设特色小镇，目的在于“巧妙”地运用这个新载体，充分发挥各地发展资源优势，加快推进经济结构、区域块状经济、工业开发园区的转型升级，加快推进产城、城乡更集聚更有效的融合发展，为经济社会发展进入新常态条件下的新创业、新业态、新动能提供有效新平台。当然，特色小镇不是越多越好，不应重复已有的“开发园区”，更不是“造城运动”，不能“刮风”，到处“开花”。

嘉善的特色小镇建设风生水起，巧用特色小镇载体推进当地的新发展，积极有序，成效明显，值得赞佩。

三、巧克力甜蜜小镇“巧”在何处

今天，我们主要是奔着巧克力甜蜜小镇来的。参观了“小镇”现场，听了大云镇领导和歌斐颂集团莫国平董事长关于巧克力小镇的创建情况，给我们留下了难以忘怀的深刻印象，使我们感奋，也给了我们许多有益的启示。

在这之前，我们已经走访了五六个省级特色小镇，巧克力甜蜜小镇在规模、实力上都算不上出类拔萃，但可贵的是它有特色、有故事、有文化、有前景。巧克力甜蜜小镇正在快步崛起，知名度日益提升。

那么，巧克力甜蜜小镇“快步崛起”的“妙棋”何在呢?

第一，巧克力甜蜜小镇“巧”在有一个好的主题。创建特色小镇首先要有一个独具匠心的主题。这是要不要创建和创建什么样的特色小镇的前提。找准特色、凸现特色、放大特色、做足特色，是小镇建设成功与否的关键所在。巧克力甜蜜小镇定位在“巧克力”“甜蜜浪漫”上，应该说特色、个性鲜明，不但浙江没有，而且全国也独此一家，可能世界上也不多见。“巧克力”是有历史、有产业、有文化、有故事的，而且是个国际化的“品牌”，有足够多的文章可以做，可以大放特色之彩。

第二，巧克力甜蜜小镇“巧”在有一个好的发展思路。这就是“一业为主、多业融合”发展的理念和思路。创建特色小镇必须有一个独具特色的好理念。根据省里“产业定位要特而强、不搞大而全”“功能叠加要聚而合、不搞散而弱”“建设形态要精而美、不搞大而广”“制度供给要活而新、不搞老而僵”的创建要求，紧紧围绕“巧克力”“浪漫甜蜜”这个主题，提出并很好地贯彻了“以旅游为主线、以企业为主体、以文化（甜蜜）为灵魂、以生态为主调”的创建理念，着力整合大云镇乃至全县“温泉、水乡、花海、农庄、婚庆、巧克力”等浪漫元素，努力建设一个集工业旅游、文化创意、浪漫风情于一体的体验式小镇，将巧克力的生产、研发、展示、体验、文化和游乐有机串连起来，是一个典型意义上的工业旅游示范基地。正因为小镇建设围绕巧克力而深挖、延伸、融合多种产业功能、文化功能、旅游功能，才产生了叠加效应和放大效应，前景令人鼓舞。

第三，巧克力甜蜜小镇“巧”在有一个企业主体、项目引领的发展思路。特色小镇的创建、培育工作必须由政府来主导，但建设主体、发展主体必须是企业，否则，特色小镇会成为无源之水、无本之木，不符合市场经济发展规律，因而也不会有持久生命。但企业主体必须落实到有效的投资和高质量的项目上，这样才能落地生根、开花结果。项目投资是小镇建设的主战场、主抓手。巧克力甜蜜小镇的建设就坚持了以企业为主体、把投资作为重中之重的思路，按照总投资 55 亿元、3 年完成 35 亿元的目标，最大限度地调动企业的积极性，这是非常正确的。歌斐颂集团是巧克力甜蜜小镇的投资、建设主体，这个项目于 2011 年 12 月正式立项，计划总投资 9 亿元，规划用地 430 亩，计划年产高品质纯可可脂巧克力 2 万吨、年接待游客 100 万人次，到规划期末年综合收入突破 20 亿元。这就使得巧克力甜蜜小镇的建设“巧借”了歌斐颂集团之力，保证小镇建设、投资主体能落到实处。

第四，巧克力甜蜜小镇“巧”在“以文化为魂”。特色小镇的基础是产业，但灵魂是文化。产业、企业、产品都应该是有文化的。文化是“巧实力”。有文化的产业、小镇才有灵魂、有生命。歌斐颂巧克力小镇总体规划布局为“一心四区、八大项目”：歌斐颂巧克力制造中心、瑞士小镇体验区（含歌斐颂市政厅、歌斐颂会议中心、瑞士小镇风情街）、浪漫婚庆区（含歌斐颂婚庆庄园、玫瑰庄园）、儿童游乐体验区、可可文化展示区。小镇以巧克力文化为核心，以巧克力生产为依托，以文化创意为手段，充分挖掘巧克力文化内涵，拓展巧克力文化体验、养生游乐、休闲度假等功能，力求通过 5 年左右的开发和经营，将小镇建设成为“亚洲最大、国内著名”的巧克力特色小镇、巧克力文化创意基地、现代化巧克力生产基地、全国工业旅游示范基地、国家 AAAAA 级旅游区。小镇不但引进了国外成熟的工业旅游模式，而且在此基础上还着力创新，将巧克力工业生产拓展为巧克力工业旅游、巧克力文化创意、巧克力社区生活，而且还积极将中国传统文化与国外风情文化相结合，在浓郁的可可香味中体验迷人的热带风情和西非文化。

第五，巧克力甜蜜小镇还“巧”在为年轻人创业提供平台上。刚才莫国平董事长告诉我们，巧克力小镇是由其子莫雪峰提议创建和推动的，这使我们深受感触。特色小镇是新的时代条件下的产物，它的一个重要特征和意义，就是要成为年轻人创新创业的新平台，成为传承父辈事业的接力棒，这样才使小镇有活力、有前景。特色小镇应更多地适合年轻人成就事业的需要，要抓住他们的心，留住他们的情，使他们成为小镇建设的主人。只有“巧借”年轻人的力，为年轻人创新创业服务，我们的事业才能继往开来、生生不息。也许，“巧克力”更能融入“年轻、时尚、慢生活”的理念，但巧克力品种很多，对人们的身心有着不同的功效。比如，黑巧克力能预防心血管疾病、糖尿病，牛奶巧克力可增强大脑活力，巧克力中含有的可可碱会使人产生愉悦兴奋的感觉，可以帮助人们舒缓压力。因此，你们可以开发适合儿童、老年人等不同人群食用的巧克力。

巧克力特色小镇的奥妙不少，很值得回味总结。小小的“巧克力”产业定位看似单一，其实它一旦与旅游、文化、生活相融合，就可以近似有无限开拓和挖掘的空间。

四、打造好巧克力甜蜜小镇的若干建议

最后，我想提几点建议，供你们参考：

第一，集中力量打响一个品牌。现在，你们既叫“巧克力小镇”“巧克力甜蜜小镇”，也有叫“歌斐颂巧克力小镇”，还提出了打造“中国最甜蜜的地方”以及“甜蜜小镇、浪漫大云”等。从传播学角度讲，建议你们集中力量主打一个品牌、一个名号，多了反而传播效果差。同时，还应尽量用简洁明了、易记易传播和相对客观科学的名号为宜。

第二，更加突出旅游在嘉善发展中的地位和作用。嘉善周边的上海、苏州、南京、杭州、宁波等城市，是你们最大的优势和资源，运作得好，都是源源不断的宝贵财富。在现有的农业旅游、工业旅游的基础上，应进一步突出嘉善文化旅游的优势。西塘古镇旅游现在已闻名遐迩，你们可以借势发力，让世界各地的游人多来领略江南的小桥流水人家，夕阳西下漫步乡间田野，欣赏傍晚袅袅升起的农家炊烟。同时，你们更可以将江南小镇的情调和域外浪漫的巧克力文化结合起来，这也许有可能成为你们旅游的一绝。

第三，更加关注如何把特色小镇的建设与解决“三农问题”结合起来。你们已经提出了“农宅变花园，农业变景观”的思路，但还应多思考“农民变市民”问题。推进农村产权制度、现代农业经营体制，以及农村宅基地和农房置换制度改革，引导农民参与到新的发展实践中来，解决好农民的转产转业问题，使农民成为特色小镇的建设者、受益者，这是十分重要的。特色小镇建设也要体现、落实以人民为本、共享发展理念。这个问题解决好了，可以作为典

型经验推广。

第四，小镇的建设要尽可能精致、有品位，注重细节部位和周边生态环境的打造。让周边环境与小镇建设形成浑然一体的独特韵味。

第五，巧克力小镇从未来发展角度讲，应该有更宽广的视野和思路。现在围绕一个项目、一个产业、一个企业主体的文章，是做得比较深、比较好的，但还要考虑得更广更长远一些。比如，产业与城镇、生产与生活、旅游与社区、流动人口与居住人口如何更好地结合起来？希望巧克力小镇真正成为融产业功能、旅游功能、文化功能和社区生活功能为一体的“小镇”。

第六，进一步加强宣传力度，以提高巧克力小镇的知名度和社会影响力。可以运用有视听效果且传播力强的元素，例如歌曲、诗歌、动画等形式，让“甜蜜小镇”名副其实、耳口相传。如果能创作一首类似“小苹果”“美丽的太阳岛”那样的“巧克力”之歌，传播开来，那不知道能吸引多少人来“巧克力小镇”旅游。这一点你们可以和《浙商》杂志、世界浙商网合作，宣传是他们的优势，同时他们对接的企业多，双方可以合作拓宽渠道。

（本文根据作者 2016 年 3 月 7 日考察嘉善巧克力甜蜜小镇时的讲话录音整理）

第十六篇

从毛衫小镇到时尚之都

过去的江南水乡，烟雨朦胧，才秀一方；如今的江南小镇，更有了产业集聚，市场兴旺。当特色小镇将现代工业连接到江南历史古镇，将会撞击出怎样的火花呢？特色小镇该怎样将产业、文化、生活相融合？

一、沪杭中央，有个桐乡

过去几十年来，濮院羊毛衫市场迅速崛起，闻名遐迩。如今，这个地方的理念仍在不断创新，各项事业蒸蒸日上，发展势头也非常好。

刚才，桐乡市的领导在致辞中说，大家都讲“上有天堂，下有苏杭”，但也许可以再加上一句，就是“苏杭中央，有个桐乡”。这说明桐乡地理区位的优势。当然，如果再加上一句，“沪杭中央，有个桐乡”，也许更有意义了。因为上海的辐射力、影响力、带动力更大，乌镇、濮院和整个桐乡、嘉兴的发展，现在是越来越依靠上海的带动了。

我们一路参观，看到了基层同志创造的许多鲜活的发展经验。在研讨会上，濮院镇的领导同志介绍了时尚小镇将如何规划、建设与实施的情况。刚才，浙商发展研究院的专家和省有关部门的领导，也针对当地实际提出了许多很好的意见和建议。这些理念、意见，都值得桐乡市、濮院镇的同志思考和借鉴。

目前，濮院建设毛衫时尚特色小镇正处于谋划、起步阶段，多听听各方高见，大有“磨刀不误砍柴工”之效。看准了方位，走对了路，就会有出路，就能成就功业。当然，更关键的是，濮院镇的同志们需要结合自身特色，吸取各家有用之见，在实践中开拓创新。

我刚才听了桐乡市与濮院镇领导的情况介绍，深深感到，他们脚踏实地，工作有思路、有见解，而且充满激情，对未来发展前景充满信心，推进工作也很有力度。他们的工作很有创新，也抓住了发展中的要害和关键问题。大家想想，两三年前，桐乡开始以乌镇景区为圆心，提出了“镇区景区化、景区全域化”的概念，提出了打造中国旅游第一大县的目标。两年前，我们谁也料想不到，乌镇会成为世界互联网大会的永久举办之地。看来，桐乡是可以干成事的地方，是可以创造奇迹的地方。

乌镇和濮院镇有各自不同的特点，但也有许多相同的地方。它们同处苏杭、沪杭的“中央”，同是江南水乡、江南古镇，有着深厚的历史文化积淀，而且它们还有一个共同的时代性课题，就是在历史发展的进程中，人类共同面临的一大难题：一个国家、一个民族应如何将历史文化与现代文明有机结合起来，形成新的发展优势和活力？乌镇和濮院已经作了有益的探讨，积累了很好的经验。我们为桐乡市近年来的发展成果感到欢欣鼓舞。

你们可以继续沿着这条路子走下去，让世人看看：在一个江南水乡，积淀了几千年的古镇文化和现代文明是如何有机结合，从而有效推进全面小康社会和现代化建设的。而这是可以创造历史奇迹的。

二、濮院创造了骄人奇迹

尽管濮院是一个镇，但它却创造了江南和国家级的发展奇迹。

可以说，濮院是中国改革开放以来的一个缩影，是中国工业化与城镇化发展进程中的一个缩影。乌镇、濮院镇的发展，都创造了奇迹，令我们骄傲。透过这一点，让我们看到了浙江人以及中国农民的创造力，看到了他们的智慧与贡献。

据说，濮院的专业市场，是由几个露天小市场凭借着物美价廉优势壮大发展起来的。当年，在濮院的小市场里，羊毛衫仅卖几十元一件，而到了百里以外的杭州、上海，它的身价就攀升至每件几百元。所以，外地的人闻风而来，而日益提升的人气又使得市场逐渐扩张，市场很快繁荣起来了。

随着市场越滚越大，濮院周边的人民也总体上致富了。有数据显示，去年人均收入超过 2 万元。但实际上可能远不止这个数。刚才，我们在走访市场小经营户过程中，摊主告诉说，她一家小店羊毛衫的年销售量可达数十万件，以单价 30—50 元计算，年销售额就达到了千万元以上。

市场的繁荣还带动了羊毛衫加工等产业的发展。现在，濮院的种植业，特别是制造业、服务业迅速扩大，外地的一些相关产业以及设计、经营人才纷纷向这里集聚，充满着发展活力。

专业市场走上了做大、做强的道路，实现了更新换代，出现了高、中、低档相融相交的市场结构，产品档次在提升，品种不断丰富，网上网下市场相互促进。过去，这里的专业市场销售额年增长率大都保持在 20% 左右，这几年的增长速度有所回落，这是我国经济发展进入新常态后的正常现象，但去年还是实现了 15% 左右的增长速度，市场的年销量达到了 280 亿元，今年将达到或超过 300 亿元。去年濮院镇的财政收入超过了 6 亿元。

在市场和产业的带动下，濮院的城镇化也有了历史性进步。城镇区域有了相当规模，人口由 5 万人迅速扩大到 20 万人，城镇的经济、市场、文化、交通、安全、居住、生活等功能得到提升，其辐射、带动作用不断增强。

在浙江的城镇中，濮院应属于中上规模和发展水平，但与中西部相比，可以说达到了县级、市级城市的水平了。

产业、市场、城镇如何加快转型升级步伐?

今天，我们在濮院看到了一个很好的案例。由华新实业集团投资开发并负责运营的“濮院毛衫时尚服饰暨世界毛衫博览中心”项目（园区），可以看作是过去标准厂房的升级版，但它空间布局、建筑形态已演变为城市社区化，更重要的是被赋予了综合性功能。这里除了将企业、产业集聚外，还超越了一般标准化工厂范畴，有了小区化、物业服务等功能，还向制造业的研发设计、市场营销、博览展示、电子商务两端延伸，并提供会计、融资、培训、孵化、住宿、休闲、办事等生产生活性服务，这已经接近或超出了政府主导的开发区功能了。“濮院毛衫时尚服饰暨世界毛衫博览中心”项目，可以说是一个将生产、设计、市场、文化、环境、生活等结合起来的具有综合功能的“新平台”。这是我们目前所看到的产业集聚区、标准化厂房的“转型”，也是原来由政府主办的开发区转变为由企业来开发、经营、管理的新模式。显然，这是有益的探索，有可能走出一条综合性转型升级的新路子。如有条件又布局合理，形成更多更大、更精更特、功能更配套更完善的“平台”，那对于推动“低小散”却又有特色有生命的企业集聚和转型，是具有深化和提高产城新融合、具有先导和推广意义的。

濮院创造了专业市场、产业结构和城镇融合发展的好经验，目前又在探索转型发展的新路子，这是值得充分肯定的。

在这里，哪怕走在小弄堂、有点乱糟糟的第一代市场里，我们仍然可以直观地感受到，那些来来往往的商贩、川流不息的三轮车，都在展示着旺盛的生命活力！他们在创造着自己的奇迹！

濮院的奇迹是谁创造的？是群众，是市场这只“手”，是企业家们。当然，我们的政府也在服务企业、群众中共同创造着这些奇迹。

三、濮院是到该讲究品位的时候了

现在，同整个浙江甚至全国一样，濮院也面临着转型升级发展中需要破解的许多新难题。

这里，有阻碍发展的难题，也蕴藏着发展的机会。我们现在讲的新常态是指什么？新常态内容很丰富，主要是由过去的高速增长向中高速增长转变，产业层次由中低端向中高端转变，人均居民收入由中低收入向中高收入转变，由小康社会向全面小康社会和富裕社会转变。这是历史发展进程中时代性、阶段性的转变过程，是具有发展规律、发展难题的转型时期，这是一个较长历史时期的过程。

在这个新常态的发展阶段，其中核心的问题就是如何转型升级与创新发展。

其一，产业需要转型升级。这篇文章怎么做？如何保持原有优势？你们坚持“毛衫”产业优势，同时努力向着更高的附加值方向发展，这是值得肯定的。但是，要注意着眼于“中高端”，不要低小散“搬家”，要有取有舍。

其二，市场需要转型升级。目前的濮院，中、高、低端的专业市场均有存在，作为完整的市场体系而言，这种塔型、梯状的市场结构形态是可行的，但放眼未来，濮院要实现转型突围，就不能继续依托低档次市场，而需要倚靠中高档产品，向时尚方向发展。

说句大实话，濮院的有形市场，给我的感觉仍缺乏整体性。当然，这可以研究讨论，一切都要结合当地实际进行改造升级。我看了第一代市场，感到有一个很大的隐患，就是消防安全问题。比如，市场里那些蛛网状的电线，其隐患就令人揪心。一旦发生火灾，那可要“火烧连营”，后果不堪设想。旧市场改造的难度较大，但所有的传统市场都是这么磕磕绊绊改造过来的，要下决心，看准了就要勇于担当。

其三，城镇需要转型升级。总的来看，濮院城镇化发展到今天这个水平已属不易，已经创造了发展奇迹。但是，要创建时尚之都，就需要转型升级，继续创新发展。

还是实话实说，目前濮院镇的城镇结构布局还比较乱，城镇功能还处在一个成长的“烦恼”时期，镇上建筑物的整体风格还未凸显。

一个精致的城镇需要关注街景和建筑物的设计，这是继区域概念规划、功能规划后需要关注的重点。濮院的城镇主色调似乎也还不够明确或者说不太对路，因为，江南古镇需要有一个与江南古镇相协调的基色。同时，城镇管理更是一个大难题，这个问题在浙江其他小镇也是存在的，但你们有条件应该管理得更好一些。

其四，“融合发展”的传统经验，也需要转型升级。过去，濮院是用市场与产业促进城镇发展，同时城镇发展带动市场与产业发展。没有这两个融合，其他都是一句空话。这是过去发展的轨迹和经验。

那么，在今天的背景下，如何继续融合发展，形成更加现代化的新产业、新城镇？濮院当下的着力点，应该将时尚等新元素更好地融合进来，在融合中转型、发展与提升，从而走出一条新路来。融合、整合会创造出新的生产力，创造出新的发展资源，形成新的发展优势，但这些都需要政府具备高超的驾驭能力。

其五，建设时尚小镇，是时候该注重提升品位了。无论是产品、产业、企业、市场、城镇建设及管理，濮院都到了需要提升品位的时候了。倘若仅仅是铺摊子，这里造房子，那里造市场，已经远远不够了。濮院，现在要走出的不是简单铺摊子的路，也不是简单求量的发展路子，而是要创建一个精致化的有特色、有个性的城镇。

濮院，作为浙江专业市场和经济比较发达的镇，又是浙江省首批特色小镇，你们继续努力探讨、创新，就有可能继续走在前列，成为浙江转型发展的新典型。

如果说，过去我们各地是“加快发展”的竞争的话，现在则是加快“转型发展”的竞争。大家对“转型发展”要有新认识，要有紧迫感，要时不我待、只争朝夕。在这个问题上，谁醒得早、起得早、干得早、做得好，谁就抢占了“转型发展”的先机。

浙江发展特色小镇，正如李强省长反复强调指出的，是在发展新常态下，为了加快解决转型、投资、创业、产业融合升级等发展难题，形成新的发展平台和发展优势，其中重要的是原来已有的块状经济如何尽快走出转型升级的新路子。在我们浙江，有一些城镇，具有深厚的历史文化积淀，又有改革开放后兴起的块状经济。但是，如果块状经济不能尽快转型升级，就可能在产能过剩与产业梯度转移的过程中萎缩、消失。

这不是危言耸听，而是眼前活生生的严峻现实。

四、打造时尚之都要有几把“金刚钻”

过去，濮院创造了发展奇迹。

现在，濮院面临着转型的“烦恼”。

未来，希望濮院再创时代奇迹。

那么，如何才能创造出新的奇迹呢？

其一，要有一个很好的目标，即打造江南千年古镇，建设毛衫时尚之都。濮院是一个有相当知名度的江南水乡古镇，历史上曾以“日出万匹绸”而成为“嘉禾一巨镇”。据说是明清时期江南五大名镇之一。所以要保护好古镇，打造好古镇品牌。毛衫时尚之都，这是新创造的。你们的目标设定，要立足濮院现有基础，盯住苏杭沪和长三角，着眼全中国，面向全世界。“毛衫时尚之都”可以是中国的，也可以是世界的，最终还要看发展趋势。但能够成为中国的“毛衫时尚之都”，就已经很了不起了，成为亚太地区的“毛衫时尚之都”可以算创造世界奇迹了。

“千年古镇，时尚之都”，一古一今，一文一业，承千年文脉，开未来新业，多有内涵，多有气势！但小镇要搞出特色来、搞出真名堂来，追求大而全是不可能的。目前，全球只有5个公认世界级的时尚之都，所以，没有几把“金刚钻”，是钻不出“时尚之都”来的。

其二，要有“转型融合”与“特色创新”的理念。这个“融合”，不仅仅是濮院镇内资源的小融合，而是要将桐乡甚至浙江、中国与世界相关元素的融合。把不是自己的，化为自己所用。要把产业与城市、生产与生活、物流与人流、设计与制造、文化与旅游、历史与现代、资金与技术等资源融合起来。融合就是整合，就是资源，就是优势，就是智慧，就是能力。但是，转型中融合，融合中转型，必须有方向，有重心，有特色，有创新，这样才能思路清晰，才能事半功倍，善作善成，富有实效。

其三，建设规划要有好思路。濮院镇强调建新镇、活古镇，打造毛衫时尚小镇。“建新活古”思路是好的。实践证明，将古镇与现代城市在空间布局上完全融合一起是非常难的。“新与古”按功能分开，是根本出路，“古镇”要坚持保护第一，像个“古镇”，但适度开发性也是需要的。

你们提出的以产业转型来提升城镇，以城镇发展去促进产业转型，即产城共融互动的思路，是符合濮院实际的。浙江省提出的特色小镇建设，并不完全是地理、行政意义上的“镇”，但濮院要建的“时尚之都”，却是由产业与地理概念的镇结合而成的，你们当然要走产城融合发展之路。

你们提出要通过城市发展来带动产业转型。这当然是对的。但产业也好，城市也好，一定要做得有档次，要尽可能使生产、生活、旅游、文化、市场、住居、城镇景观、城乡等实现一体化发展。

思路方面还要注意坚持好政府主导、企业主体、市场化运作。保护、激活古镇，建设产城融合的“毛衫时尚之都”，没有政府强有力的主导作用，是不现实的。但不遵循市场经济规律，不发挥企业的主体作用也是建不成的。只有政府“有形之手”与市场“无形之手”有机结合，才能创造奇迹。

这里还要强调，你们打造江南千年古镇，建设毛衫时尚之都，要有产业、文化、旅游休闲相融合和生产、生活、生态一体化，以及历史、现在、未来元素相结合的思路。

现在，濮院镇创建时尚特色小镇正处于明理念、理思路、谋规划、布项目的关键阶段，务必“大胆设想，小心求证”，虚实结合，远近相交，坚持高起点规划，高标准建设，高水平管理。

总之，要有接“地气”的高品位、高格调，要有特色、有文化，精致大气。

其四，建设推进要讲战术策略。好的战略目标理想、理念思路，需要有战术策略来推进。坚持特色为先。能否将时尚之都打造成功，关键是要有特色。特色就是资源、知名度、生命力与财富。特色小镇千万不要搞大而全，把一两个领域的特色做深做透，做到中国第一、世界著名，就成功了。濮院的特色是千年古镇，更是毛衫名镇。这是你们的本色、金色、亮色。舍此则成了无本之木。其他各行各业可以发展，但不要本末倒置，舍近求远，而应该有主有次，围绕主体特色来发展其他，为主体来配套，相得益彰。其实呢，即使“毛衫”产品，也是千姿百态，可以无穷拓展的。

坚持产业为本。濮院的产业基础好，有特色，这是你们的优势所在，也是引领你们未来的根本。失去了这一点，也就失去了根本，失去了核心竞争力，你们建“毛衫时尚之都”也就成了无源之水、无本之木。所以，你们应着力将“毛衫”产业做特做优，拉长和拓展毛衫产业链，提高它的价值。

坚持城市为基。城镇是发展的基础和平台。从濮院的区位地理来说，可以和乌镇、桐乡市区、嘉兴市区相呼应，形成城市带，打造同城功能。因此，濮院未来不应定位于村镇，而应该定位于城市、市区或都市圈里有特殊功能的“市区”。

坚持品牌为上。我认为，濮院是到了建设品牌的时候了。眼下，“濮院羊毛衫”是一个区域品牌，除了这个，还要选取若干家企业，集中力量打造若干个企业和产品品牌。提高知名度，提升附加值，增强文化力，品牌、名牌是重要出路。“时尚”是什么？“时尚”必然与“品牌”“相依为命”。

坚持会展为重。濮院应该每年重点举办一两个国际国内有重要影响的展会，不用太多太滥，需要有一定规模和档次。你们还要想方设法做好与乌镇世界互联网大会联动的文章，借梯登高，借船出海。

坚持文化为魂。没有文化就没有内涵，就没有持久的生命力。现在，无论是经济还是城市，无论是生产还是生活，无论是建筑物还是自然环境，都应该富有文化内涵。濮院的历史和当今新文化都十分丰富，需要梳理，需要凝练，也需要符号化，需要载体和传播。

坚持古镇为根。濮院是有江南情调的千年古镇，出过名人，有故事好讲。改革开放又创造和积淀了现代文化，这是中国改革开放的缩影，是中国农村工业化、市场化和城镇化的缩影，是中国农民创造自己新生活的生动写照。中国的现代化与城市化的“根”在哪里？就在历史传承中，在农村农民的生活之中。

坚持旅游为要。到了这个阶段，濮院要转型发展，要提升发展，就要适应人类生活多样化、时尚化、休闲化的趋势，走出旅游与产业、旅游与市场、旅游与城市、旅游与古镇、旅游与文化等相融合的发展新路径。比如，把乌镇的互联网参会者、旅游者与濮院的毛衫采购对接起来，就是一篇大文章。时尚也包括旅游的文化。

坚持互联网为杠杆。把互联网技术渗透到桐乡的各行各业，渗透到桐乡人民生活的各个环节，渗透到大家的思想、血液之中，就会创造出许许多多发展的“神话”。现在，互联网技术运用到什么行业，这些行业就会发生变革。你们的专业市场、你们的产品营销、你们的“时尚之都”，没有互联网技术这个现代大舞台，就跳不出精彩的“舞蹈”。

坚持人才为王。时尚是流行的东西，有一定的超前性；时尚是依附于形体而带有装饰性功能的一种元素；时尚是引领消费的，往往与文化联系在一起；时尚是一种符号，往往具有别出心裁的艺术和审美价值；时尚带有现实的批判性，往往跟年轻人生活情趣联系在一起；时尚会流行传播开去，往往是少数设计者、创意者的“奇思异想”；等等。所有一切，归根结底，是要形成时尚产业，而要形成时尚产业、时尚之都，就必须要有创造时尚的人才。

濮院的发展前景令人鼓舞！

期待你们创造新的发展奇迹！

（本文原载《浙商》2015 年 9 月 30 日）

第十七篇
走有特色的融合发展之路

“日出万匹绸，嘉禾一巨镇。”明清时期，桐乡濮院就以盛产“濮绸”而闻名于世，成为江南五大名镇之一。800多年的历史烟云并没有淡褪濮院的锦绣繁华，伴随着改革开放的春风雨露，她在羊衫行业更是风光旖旎、独领风骚。如今，她正华丽转身，欲从“濮绸巨镇”转变成名扬天下的“毛衫时尚之都”。植根于深厚的手工业文化底蕴和丰富的历史文化资源，濮院不囿于单一生产毛衫，更致力于打造毛衫时尚品牌，开展“互联网+”的个性定制，并兼顾发展旅游休闲产业，这种种举措，让这座古镇重焕新的生机，铸造更美妙的未来前景。

首先要祝贺桐乡濮院毛衫时尚小镇成为国家级的特色小镇。第一批国家级特色小镇有127个，浙江省有8个，毛衫时尚小镇成为其中之一，这是很不容易的。同时，要祝贺桐乡市政府与中国纺织工业联合会签署战略合作协议，共同推动毛衫产业的发展。在市场经济越来越成熟的条件下，行业协会的地位在不断提高，发挥的作用也日趋突出。特别是国字号的行业协会能深入一个小镇中帮助指导，共同推动一个产业、一个镇的发展，这是十分“接地气”的好做法。无论从产业发展还是从行业协会发展的角度讲，都是很有意义的事。当然，还要祝贺华新毛衫创新园世界毛衫博览中心这个项目有了新的推进，相比去年又有了新的重要进步。

笔者已经是第三次来到濮院毛衫时尚小镇了。第一次是为了重点调研旅游业的发展，当时省人大要出台一个推动旅游业发展的地方性法规，我曾专门来这里调研。第二次是来重点考察濮院毛衫时尚小镇的创建情况，并围绕“产城融合新实践”的主题进行了探讨。这次是在2015年调研的基础上进一步深化、跟踪而展开的一次调研考察活动。对于2015年的研讨会，我做了比较充足的准备，实地考察了城镇和毛衫市场，听取了有关专家的意见，作了一些思考。2015年的研讨会上，我做了40分钟左右的发言。发言中既有理性的思考，也带有很浓的情感色彩。我为像濮院毛衫小镇这些在浙江大地上崛起的一大批有特色、有创新、有生命的，为浙江乃至中国的经济发展、改革开放作出重要贡献的小镇和地方，而感到欢欣鼓舞。

在那次研讨会上，我主要讲了三个方面的意思。一是濮院创造了发展奇迹。从无到有，由小到大，在全国甚至在全世界的毛衫市场上都占据相当重要的地位。毛衫时尚小镇的地位在不断提高，产业在不断壮大，知名度在不断提高。二是为更好地打造毛衫时尚小镇发展提出了需要注意的一些问题，指出了不足的、有待改进的方面。三是对濮院下一步的发展以什么为抓手这个问题提出了一些建议意见。

改革开放以来，发达地区的经济发展总的来说，正在或将要经历三个发展阶段。第一个阶段是以加快发展为主导的扩张式的、带有粗放性的发展阶段。这个阶段主要是千方百计加快一个地方的发展；第二个阶段是以转型升级发展为主的新常态下的发展阶段。当前正面临着转型升级的阵痛期。浙江也好，全国也好，经济发展要适应新常态，最主要的就是加快转型发展。转型发展包括创新发展。这个阶段将是大浪淘沙式的，这个阶段也是一个产业、企业分化、重组的时期。速度是中高速，产业是中高端，往这个方向转型发展。第三个阶段，是像濮院这样的特色小镇应该开始进入的融合发展新阶段。也就是说，濮院一方面现在仍然没有完成转型升级，另一方面在转型发展中又开始出现了融合发展的趋势。转型、分化、重组的过程，就是集聚融合发展的过程。我们的理念、思维和思路、方法都不能单打一，要走有特色的融合发展之路。这是在新常态发展进展中的一个重要的趋向，是一种带有趋势性的特征。

当然，并不是所有特色小镇都有必要全面融合发展的。我们浙江有些小镇是以产业为主的，像杭州等中心城市周边的特色小镇，它们的城市功能、社区配套设施都是依附大城市的，没有必要再去发展更多的城市、社区的配套功能。但是，像濮院这样的特色小镇，以前是历史古镇、建制镇、中心镇，现在又是特色小镇，历史与未来两大维度融合在一起了。所以，你们有必要在转型发展、融合发展方面做出新的探索，创造新的经验，积累更多更好的做法，去推动和引领面上的发展。这是我总的想法，接下来我将围绕“融合发展”的思路展开来谈一谈想法。

一、“顺势”：融合发展的基本走向

当代人类或者说当今世界经济发展总体进程，呈现整体的融合发展的格局和趋势，是“一体两翼三平台”的局势。

“一体”是指实体经济或者说经济实体，它在任何时代、任何国家、任何阶段都是经济发展的主体，发展实体经济任何时候都不能动摇。没有实体经济的发展，就等于失去了躯体。我把实体经济比喻为飞机的机身。那么，推动飞机起飞的两个机翼、两个动力是什么呢？一个是科技创新，目前的科学技术以信息化、智能化为先导，并且在生产生活中运用得最为广泛。目前占人类经济发展增量比重的 60%—70%，是来自科技的创新动力。推动现代经济突飞猛进的第二个机翼、动力，就是现代金融资本。不了解现代金融资本就难以看清现代经济，就无法理解现代经济的发展轨迹，也无法理解近现代每一次经济风波和危机为什么首先是来自于金融资本市场的原因，更无法理解为什么现代金融资本市场是现代经济的一个晴雨表。金融资本是一个杠杆性的、加倍性的、撬动经济发展的大推力。我国经济越往前发展，就越离不开金融资本这个驱动力。那么，“三个平台”是什么呢？第一个平台就是建立在市场经济基础上的现代法制规则制度，它类似飞机的指挥系统。如果离开了指挥系统，飞机飞行就会乱作一团，离开了现代法制等制度规则，经济发展也会陷入混乱。任何的发展都必须有一个现实的空间，即城镇化。没有城镇化，就如同飞机没有了起飞的跑道，没有跑道就起飞不了。第三个平台就是整个自然生态系统，也就是生态环境。飞机的飞行只能在合适的大气环境中进行，不是所有的环境条件下都能飞行。同样，经济社会也必须建立在良好的自然生态环境的基础上。所以，我们要高度重视生态文明建设。

“一体两翼三平台”就体现了融合发展的趋势。哪个国家、哪个地区融合得好，就能占领经济发展的制高点，有更强的竞争力，能站在经济发展的最前沿。这些年来，浙江经济也出现了融合发展的趋势。我们要顺势而为，深化这个发展格局。

二、“明道”：融合发展的基本思路

下面谈一点融合发展的总体思路问题。如果“一体两翼三平台”是“顺势”的话，那么明确基本理念、思路就是“明道”。

像濮院毛衫时尚小镇这样的特色小镇，就应该走有特色的融合发展之道。那么，怎样走融合发展之路呢？总的是遵循“创新、协调、绿色、开放、共享”新发展新理念，做足做好有特色的融合创新工作。简要概括为以下几句话：

在特色中创新。虽然毛衫时尚小镇现在已经具备毛衫产业这个特色了，但是还是需要在特色的基础上不断开拓创新。特色是动态的，不是不变的，要在创新发展中彰显特色，做优做强特色。

在创新中集聚。人类经济社会的发展进步，关键都在于如何集聚、配置各种资源要素。要通过创新去集聚各种资源，围绕特色去创新，以达到更有效更高能的集聚，实现更高层次的发展。然后在更高的层次上去集聚新的发展资源要素。

在集聚中融合。在集聚各种资源要素中实现有效融合，实现“1＋1＞2”的成效，使资源在融合中得到高能释放。比如，华新（浙江华新实业集团有限公司）就集聚了各种资源进行新的融合，打造了一个整合资源的新平台，帮助推动中小企业的新发展。

在融合中发展。融合是一种创新，是一种竞争力，是一种发展能力。当然，融合中发展是一种新的发展、更高层次上的发展。

这四句话讲的是要“明道”，也就是明确基本的发展理念、基本的发展思路。首先要有特色，并且能在特色的基础上进行创新，在创新之后集聚各种资源，实现要素资源的融合。一般来说，要素资源集聚得越多，就越能实现融合；越有特色，就越有竞争力。这是一种辩证的思路：实现特色、创新、集聚、融合，最后才能有新的发展。这就是“明道”的过程，“明”就是明确，“道”就是发展的基本思路。

三、“破题”：融合发展的重点、难点

“顺势”“明道”后还要抓住当前融合发展的重点、难点、要害，这样才能提纲挈领，实现“破题”，带动全局发展。

第一个重点：一定要实现经济形态（产业业态）的融合。比如，毛衫时尚小镇的主导产业是毛衫，发展到今天，就不能仅仅只围绕毛衫生产销售这种单一的业态，还要实现与相关产业的融合协调发展。设计、生产、销售、服务、基础配套设施等都缺一不可，要形成完整的产业链。

第二个重点：一定要实现产业和城镇的融合，即产城融合。像濮院这样的特色小镇尤其要注意这方面的融合。经过调研，我们发现有部分特色小镇暴露出来的问题之一，就是它的产业和城镇是脱节的。小镇中没有基本的生活社区功能，也就是生产、生活、生态中的生产和生活模块还需要进一步加强联系和融合。

第三个重点：一定要做好城乡融合。特色小镇，特别是像毛衫时尚小镇这种发展比较成熟的、建制的特色小镇，如果在城乡统筹

融合发展方面失败，那么整个镇的建设就是失败的。我认为，特色小镇一定要承载起城市文明、工业文明反哺农村的功能，要为农村提供一个能够很好地解决“三农”问题的平台、环境，这是时代赋予中国这些特色小镇的历史使命。

第四个重点：一定要做好企业组织形态的融合。现代企业的形态与过去已经大不相同。有同志提过富有启发性的“雁首式”企业的概念（是引领行业发展风向的“领头雁”企业）。在这里，我把企业的分布形态概括为“宝塔式”的结构。这样的结构才是比较健康、健全的。塔顶只能是少数的领头企业。中国现在要培养一批名牌、名企和名企业家。有同志提出我们浙江要培养世界级的企业，要打造大企业，培育大品牌，这是个很宏伟的目标。当然，现在浙江已经有个别企业达到了世界级的水平，但是“很多”是不太现实的，一个省内有两三家或若干个世界级大企业是比较现实的。企业从规模上来讲，可以分为大、中、小三种类型的企业。中小企业才是社会经济发展的主体。就如同一个宝塔，塔尖是高而窄的，由少数个别企业组成，塔身随着高度的降低变得越来越大。中小企业就是宝塔的塔身，只有中小企业发展好了，社会经济才会稳固，宝塔才能屹立不倒。而要推动中小型企业健康发展就需要融合，需要为中小企业搭建平台。

在中国经济发展中，政府不断尝试设立开发区、园区、标准厂房、特色小镇等经济空间组织形态，目的就是要融合、集聚各种发展资源，为企业发展提供一个更加高效的平台。濮院特色小镇的华新公司打造的“毛衫创新园”，就是一个很好的例子，它集聚、融合了各种发展资源为中小型企业打造一个多功能的服务平台。作为新业态的互联网平台企业，也会越来越多。与此相关的还有企业的运营、经营模式都发生了很多变化。传统的企业和现代的新兴企业只有顺应融合发展的大趋势，才能更好地应对各种变化和挑战。很多传统企业失败的重要原因之一，就在于它认为自己在某一领域很有经验和实力，只依靠自身发展，没有把握住融合发展的趋势，就很容易破产失败。

第五个重点：一定要特别注意发展的时序性。特色小镇尤其要把历史传统、经典中的精华和现代时尚进行融合。也就是把过去、现在和未来很好地结合起来。习近平总书记强调在城镇化发展中，要“望得见山，看得见水，留得住乡愁”。这就体现了自然生态、历史文化的魅力。现代文明必定扎根于历史传统文明之中，传统文明也只有在现代文明中得以延续和光大。不要动不动“全拆”，单纯去追求“拔地而起”的现代化城镇。

第六个重点：一定要注意政企形态的变化和融合。政府和企业之间，或者说政府和市场之间，这两者之间的形态也要进行新的融合。要给企业更多自主性，让企业发挥更大的作用。像华新集团就承担了政府过去的某些职能，比如建设标准厂房。一些原本是政府的职能，正逐渐放权给市场，让企业更加自主、灵活地发展，我们尤其要注意培育和引导为中小企业提供集聚、融合发展的平台型企业的成长。

当前的融合发展，必须紧紧抓住以上六个重点进行破题，有所突破，有所作为。

四、“优术”：融合发展的基本路径

如何抓住重点、难点推进融合发展？需要有由此达彼的“桥梁”，讲究战术方法，也就是要“优术”。

我 2015 年曾经讲过，濮院要真正成为毛衫时尚小镇，就需要有几把“金刚钻”，就是要有合适的策略和战术。希望你们在已有的成功基础上再进行创新、融合和提升。

我认为濮院要继续深化战术和策略主要有十个方面：

一是坚持产业为本；二是坚持特色为先；三是坚持城镇（乡村）为基；四是坚持品牌为上；五是坚持会展（市场）为重；六是坚持古镇为根，文化为魂；七是坚持旅游为要；八是坚持人才为王，在高铁、互联网时代，对人才我们不求所有，只求有用。这些人才不一定非要居住在固定的地方，或者固定在某家公司工作，我们可以跨时空地借用他们的“大脑”，发挥他们的作用；九是坚持科技创新、金融资本为支撑，它们是现代经济发展的基本驱动力，对发展起着杠杆作用；十是坚持优化生态环境为保障。生态环境是人类一切活动的承载系统，“绿水青山就是金山银山”。

希望你们把这些方面继续集聚融合好。融合好了就是新的发展优势、新的发展特色。我们期待濮院镇在特色发展、创新发展、集聚发展、融合发展等方面，进一步具体化、精细化、精品化，进行新的探索，创造新的发展奇迹，为全省的经济发展、特色小镇的持续健康发展和小城镇环境综合整治等方面作出新的贡献！

（本文根据作者 2016 年 10 月 31 日下午在濮院毛衫时尚小镇高端研讨会上的讲话整理）

第十八篇 特色是地理信息小镇发展的绝活

我曾先后两次专程到德清地理信息小镇作过走访调研，给我留下了深刻印象。德清地理信息小镇经过几年建设，目前已初具规模，知名度、影响力与日俱增。“地理信息”看似一个很专业狭小的领域，其实拓展开去，涉及领域很广，产业链很长，发展前景十分可观。地理信息小镇是从原来地理信息产业园区基础上演化而成特色小镇的。地理信息小镇持续健康发展，给了我们不少启示，其中最深刻的是：特色就是发展的优势，就是发展的路径，也就是发展的绝活。

一、地理信息小镇发展的主要特点

德清地理信息小镇作为浙江省首批 37 个特色小镇之一，按照“产、城、人、文”交融的要求，坚持高标准建设，引导地理信息企业和高层次专业人才集聚发展，取得了明显的发展成效，令人欢欣鼓舞。我感觉，小镇的发展主要呈现以下几个方面特点：

第一，发展理念超前。对普通大众来说，地理信息属于比较生僻、偏远和冷门的领域，不大受到关注。但省有关部门和德清县很早就提出了发展地理信息产业的思路，2011 年，省测绘与地理信息局和德清县联手共建地理信息产业园，提出要打造成为跨越崛起的产业集聚区、宜居宜业的新城区、科技创新的先行区，从而将地图测绘这一专业性较强、涉及面较窄的行业上升到地理信息产业发展的高度，体现了超前的发展理念，十分难得。习近平总书记多次指出，必须坚持认识与实践相统一，注重理论、理念对实践的指导作用，强调理论创新和实践创新良性互动。用新的发展理念、发展思路引领新的发展实践，这是中央对我们提出的新要求。德清信息产业小镇的建设，就很好体现了习近平总书记的要求，体现了理念、理论对于实践的指导和推动作用。

第二，发展特色鲜明。特色小镇，关键就是要有特色。地理信息小镇将地理测绘和信息技术作为主题，在全省是唯一的，即使放眼全国，相类似的产业园也为数不多。特色就是绝活，就是优势，就是竞争力。习近平总书记 2002 年在衢州市调研中对当地领导干部说，“特色就是长处，就是优势，就是竞争力”。德清地理信息小镇只有保持差异化发展，实现个性化发展，才有话语权，才有发展前景，也有利于推动浙江块状经济发展的进一步转型升级。

第三，发展目标明确。德清地理信息小镇在规划之初就提出了建设成为“国际地理信息交流合作中心”“全国地理信息科技创新中心”“全国地理信息大数据产业中心”的目标，可以说定位较高，任务明确。小镇要实现这一目标也很不容易，需要投入大量的资源。经过 5 年多的建设，现在小镇发展势头非常好，为实现发展目标打下了良好的基础。

第四，产业发展基础扎实。德清地理信息小镇最大的特点就是有企业支撑，企业基础非常扎实，产业企业集聚度高。小镇已通过“南太湖精英计划”引进海内外地理信息专业人才1000多人，同时已有包括南方测绘、北京国遥、山东正元、中测新图等企业在内的63家高科技地理信息企业扎根小镇，形成了良好的发展氛围。德清地理信息小镇已逐渐成为影响华东地区地理信息产业集聚区建设的风向标。

第五，发展前景广阔。空间和时间是衡量测定人类活动最基本的尺度。据统计，人类活动信息的80%与地理位置有关。地理信息产业以现代测绘和信息技术为基础，以地理信息开发利用为核心，通过多维的方式将地表空间分布与地理位置相关的信息反映出来，科技含量高，环境污染少。同时，地理信息产业链很长，涵盖装备制造、芯片研发、数据生产、产品开发、软件研制和信息服务等各个环节，蕴藏着强大的产业能量。美国等发达国家将地理信息技术与纳米技术、生物技术并列为21世纪三大最重要的新兴发展领域。小镇立足于地理信息产业，利用互联网数据信息打造一条完整的信息产业链，发展前景可谓海阔天空。

第六，发展亮点纷呈。德清地理信息小镇发展过程中亮点频频闪现。小镇布局科学，以“一核”——浙江省地理信息产业园为核心区块，辅以北斗导航装备制造园和遥感测绘装备制造园这“两翼”，彰显出明朗的产业个性。同时，作为地理信息产业领域“博鳌论坛”的联合国全球地理信息管理高层论坛永久会址已经落户小镇，小镇还将建设以测绘地理信息为核心的展示馆和航空娱乐基地项目，发展以地理信息为核心内容的文化产品，打造地理信息文化产品消费的新市场。这些亮点，使得德清地理信息小镇发展多彩缤纷，引人瞩目。

二、加快地理信息小镇发展的几点建议

德清地理信息小镇发展取得了显著成绩，但也存在差距，主要体现在：尚未形成相对系统的产业链、入驻的高层次企业项目不多、生态环境优美展示不够以及小镇人文要素还欠缺等方面。

下一步，加快小镇的发展要坚持更好地贯彻落实省委、省政府有关特色小镇建设的决策部署，不断更新发展理念、理顺发展思路、完善发展机制，建议重点处理好以下五个方面的关系：

第一，处理好发展规划新与旧的关系。德清地理信息小镇是从地理信息产业园升级而来。小镇的概念和内容都比产业园要广泛些。因此，地理信息小镇的发展首先必须处理好“旧的”地理信息产业园与“新的”地理信息小镇的关系。要按照特色小镇的发展要求，不断提高发展层次和水平，进一步实现从产业园区到特色小镇的转型升级。同时，要进一步突出特色，坚持“产、城、人、文”交融的理念，但也不要照搬其他特色小镇的发展规划。小镇建设中还要明确提出企业是根本、政府是引导的理念，进一步理顺政府和企业的关系，政府要甘于当好“店小二”，为企业发展和小镇建设提供有力支撑，共同将信息小镇建设成为基础设施完善、商务配套一流、高端人才集聚、生态环境优越、绿色休闲宜居、科技特征鲜明的核心区域。

第二，处理好产业和文化的关系。特色小镇不但产业有特色，而且是“小镇”而不是“产业园区”或“开发区”。因此，要有比较丰富的人文、生态、生活、社区要素。小镇建设坚持以地理信息产业为根本，思路清晰、方向明确，但现在的发展过程中还欠缺文化

的、社区生活的支撑。习近平总书记曾在《之江新语》中指出:“政治是骨骼，经济是血肉，文化是灵魂。任何经济活动都离不开文化的支撑，文化赋予经济发展以深厚的人文价值、极高的组织效能和更强的竞争力。”因此，地理信息小镇的发展一定要把地理文化结合进来，比如地理大发现、航空航天文化等，通过科学的策划运作，使得小镇融入更多的文化因素，并可以建设类似宇航员疗养基地、地理文化主题公园等项目。这也是很好的爱国主义教育形式，还可以发展成为旅游项目，成为小镇发展新的亮点和推动力。

第三，处理好地理信息产业重点和一般的关系。地理信息产业是以现代测绘技术、信息技术、计算机技术、通信技术和网络技术相结合而发展起来的综合性产业，内容十分丰富。小镇发展以地理信息产业为核心，既要抓住重点，又要兼顾一般，通过“地理信息＋”的手段，将所有信息技术相关的产业项目都引进来，特别是要重视诸如卫星定位与导航产业、航空航天遥感产业等新兴技术项目，打造完整的地理信息产业链，从而形成辐射长三角、影响全国的地理信息产业体系。

第四，处理好大企业大项目与小企业小项目的关系。地理信息小镇目前大的企业项目不多，下一步要着重抓好几个拿得出手的企业项目，提升小镇的影响力；大企业进来后还会吸引更多的企业入驻，形成良好的集聚效应。另一方面，也不能拒绝小企业、小项目，小而精、小而美的项目也是很有活力和创新力的，况且大企业也是从小企业发展而来的；同时，要建立地理信息产业的孵化中心和创客平台，为众多的创业者提供良好的创业环境，助推小企业成长为大企业，为小镇建设增光添彩。

第五，处理好区位和人才的关系。地理信息小镇西枕莫干山，东邻下渚湖，南接杭州城，地理环境非常优越。要利用好这一区位优势，进一步美化小镇生态环境，打好与杭州的“同城牌”，吸引更多的高端人才来小镇工作和创业。政府及有关部门也要立足长远，为人才引进搞好服务，尽可能地提供各种便利条件。

（本文根据作者 2016 年 6 月 2 日在德清地理信息小镇调研座谈会上的讲话整理）

第十九篇
让乡村全面振兴　让生活充满阳光

2018年6月8日，我们一行应邀到富阳区永昌镇学习考察，观看了以“花开永昌　约会竹乡”为主题的乡村百花文艺活动，实地考察了当地的山水生态资源、村镇基层治理、农业项目开发，参加了乡村振兴座谈会。会上，我就永昌镇如何全面推进乡村振兴发表了十个方面的意见建议。

各位领导、各位乡贤、各位朋友：

大家上午好！

我因名字而与永昌镇有缘，很早就想来永昌镇看看。今天第一次来到永昌镇，给我留下了深刻的印象。第一个印象是，永昌镇的环境比较优美。第二个印象是，永昌镇经济发展基础较好。第三个印象是，永昌镇基层社会治理扎实。第四个印象是，永昌镇干部群众精神面貌不错。干部们积极谋事，尽力干事，围绕着建设美丽经济、打造特色品牌和乡镇治理等做了不少工作，取得了积极成效。对此，我们表示祝贺。

今天座谈会的主题是加快推进永昌镇的“乡村振兴”。刚才，各位都发表了真知灼见，我觉得大家谈得都很好。乡村振兴工作是篇大文章，其核心是怎么落实好党的十九大报告所提出的总要求，即："产业兴旺、生态宜居、乡风文明、治理有效、生活富裕"。下面，我就这个总目标和总要求，也就是如何全面推进"乡村振兴"，结合永昌镇的情况谈点想法，也可以说是我们为建设"富裕永昌""美丽永昌""文明永昌"献点计策。具体提十条建议：

第一，坚持深化一个思路：跳出永昌发展永昌。理念决定思路，思路决定出路。我觉得当前非常契合永昌镇的一个发展理念和思路，就是"跳出永昌发展永昌"。习近平同志在浙江工作期间，曾提出"跳出浙江发展浙江"的思路，这个思路已经在浙江改革开放的实践中彰显出真理的力量，其核心要义也适用于永昌镇。这个要义就是要用全局的视野，宽阔的思路，开放的理念，与时俱进地谋划发展，要善于高站位、大格局地推动一地发展。永昌镇要立足自身谋发展，更要跳出自身求发展。要力求借船出海，借梯登高，借力发力，更多地运用自身的优美环境，去招商引资，通过汲取外部各方面的资源来发展永昌，来盘活永昌，来发展特色产业、美丽经济。

第二，坚持保护好一个美丽的环境。随着我国经济由高速增长阶段向高质量发展阶段转型，生态资源越来越成为现实的生产力，越来越成为"金山银山"。永昌镇的绿水青山是永昌的魅力之所在，优势之所在，千秋万代发展根脉之所在。永昌镇千万不能为了发展经济而破坏这里的美丽环境，要努力践行习近平总书记的"两山"理念，要像保护自己的眼睛一样来保护永昌的美丽环境，要用最严格的环保标准来推进环境保护工作，把永昌的绿水青山保护好。保护好环境就是保护发展优势。

第三，坚持抢抓一个发展的新机遇。当前，国家正大力推进乡村振兴战略，杭州城市外溢发展提速，使永昌镇离城市中心区越来越近了，随着“富阳融杭”战略的推进，“二绕”等交通圈的逐步建成，永昌镇新的发展机遇会越来越多。察势者明，趋势者智。永昌镇要主动迎接和创造机遇，来加快永昌的发展，一定要有时不我待的意识抢抓发展新机遇，更多地把自身资源（产品）推进城里，让城里的资源为我所用，更多地招引一些适合永昌自身发展定位的好项目。

第四，坚持科学规划一个发展新蓝图。永昌镇的工业起步比较早，并且形成了一定的规模，永昌镇一方面要定位好、引导好现有企业的发展，加快推进转型提升；另一方面也要培育新兴产业，永昌镇作为竹笋之乡，如何做大做强竹笋这篇文章要好好谋划。特别是永昌镇的工业布局要有长远眼光，不但要转型淘汰有污染的产业，而且要考虑集中布局，借周边开发区之地来发展工业。同时，还要结合永昌镇的山水、文化、美食等资源，厘清永昌镇下一步工作思路，形成符合永昌镇自身实际的发展蓝图，然后围绕这个目标，持续发力，持续推进，久久为功。

第五，坚持打响一个特色经济品牌。提升永昌镇知名度，就要有特色品牌。品牌是眼球经济，也是一种发展力。永昌镇可以通过提升工艺标准，加大宣传引导，把永昌镇的特色品牌擦亮打响。特别是永昌镇的农产品，如永昌“三宝”：黄氏臭豆腐、竹笋、馒头等，已经有一定的基础和影响力，要通过持续不断的宣传推广，做大做强这些独特的“土品牌”。要做好这些农产品品牌，让它效益最大化，应有大手笔、大动作。比如，你们的“黄氏臭豆腐”，如何做透做足这个“臭”字文章，让它成为在全国都有很高知名度的品牌？如何把“臭豆腐”做成大产业，在全国开连锁、在网上可售、快递可送？如何变小作坊为企业化经营？这些都需要大手笔经营。

第六，坚持打造一支经营者队伍。事业靠人做。乡村振兴、农村发展，需要有一大批企业经营人才。要把永昌镇已有的优势转化为现实的财富，也离不开一支精干的经营者队伍。第一、第二、第三产业都要有经营者，山水要经营、农业要经营、工商要经营、文化也要经营。要立足于农业合作社、个体经营户等载体，还要注意培育一支懂经营、善管理、会宣传的经营者队伍，不仅要为永昌卖农产品，还要卖永昌的山水。

第七，坚持营造一个丰富多彩的人文环境。文化能促进人与人之间的和谐，营造风清气正的发展氛围，文化也是凝聚人心，增强群众自豪感、归属感的一个有力武器。永昌镇是千年古镇，历史文化底蕴深厚，一定要重视文化传承和创新的工作，推陈出新，革故鼎新，要在硬件和软件上加大投入，做到两手抓，要通过抓文化建设来凝聚人心，增强合力，形成共识，这样，我们推进各项工作就能得到广大群众的支持。

第八，坚持培育好一代又一代儿童。教育是百年大计，要真正坚持教育优先。决胜未来的竞争就是教育的竞争。我们现在的最大一个软肋是教育质量问题。要高度重视教育工作，要把我们祖国的未来，也是农村的未来接班人教育好、培养好。要切实加大教育投入，要为我们的孩子们营造好的学习环境，要尊师重教，不断提升师资队伍水平。要重视永昌镇的传统文化进校园工作，用传统文化的力量去熏陶和引领孩子成长。我们的领导干部一定要懂得，所谓千秋功业、造福子孙后代，实际上最关键的就是发展好教育事业、培育好后来人。

第九，坚持关爱一群特别需要照顾的老人。尊老爱幼是传统美德。现在一个普遍的社会通病是：小孩最可爱，一家两三代人围着小孩转，而老人最可怜，近乎无人或少人去关爱。一个“多爱”，一个“缺爱”。也许农村更存在这个问题。如今，我们国家已进入老龄化社会，事关老年人的工作做得好不好，既体现我们的社会发展、治理水平，更关涉我们的社会道德文明程度。做好老龄工作，一是要形成尊老的氛围；二是要切实解决老年人的日常生活问题，特别是农村的独居老人、困难老人；三是我们要给予更多的关爱，老人最缺的是，消弭孤寂和良好的医疗护理。我们要切切实实把老年人的工作放在心上、扛在肩上。

第十，坚持打造一支干净干事的干部队伍。事在人为。各地发展、各项工作，都要靠各级干部去推进。乡村振兴，农村发展，关键的还是取决于我们的干部队伍素质。我们要坚持不懈地建设好一支政治上过硬、廉洁奉公、为民干事、作风踏实的干部队伍，包括村级干部和党员队伍，能够带领老百姓发展致富，建设美好家园。要在党建的引领下，把我们的干部队伍建设好。为官一任，造福一方，我们的干部要以群众是否满意为标准，全力推进各项工作。要树立干净干事的导向，营造好干事的氛围，要重视培养和使用那些肯干事、会干事、干成事且德才兼备的优秀干部，使他们有为党为民施展才华的广阔舞台。

总之，乡村振兴是一篇大文章，涉及农村发展的方方面面，是需要持之以恒努力、全社会共同参与才能做好的文章。

第二十篇

关于把开化根雕艺术园打造成浙江“大花园”建设和文旅产业发展金名片的若干建议

开化根雕是浙江传统工艺“三雕”后的“第四雕”，它对工艺文化和旅游业发展、生态资源转化、大花园建设等都有着重大意义。经过20多年的努力，开化根雕已成长为国内外规模最大的根艺基地，走出了一条根艺与中国传统文化、旅游以及政府管理服务与企业市场化运行相结合的发展路子。目前，开化根雕业发展正处于由规模扩张向整合资源的精品化阶段转型。本调研报告全面总结了开化根雕艺术园区的发展现状和优势特点，分析了有待深化和解决的发展目标、产业融资、产业链拓展、产业经营能力、产业政策扶持和知名度提升等方面存在的难题，并提出了未来应重点打造“五个中心”的整体设想。为加快开化根雕业在更高层面上的创新发展，报告分别从省市县政府联手组织开展专题研讨谋划发展规划、出台专项政策、培育名师大师、专题宣传推介、金融资本（上市）支持、共建教育培训平台等方面，提出了具体工作建议。

开化根雕业的崛起和发展，使浙江的传统“三雕”工艺（东阳木雕、乐清黄杨木雕、青田石雕）演化为“四雕”。根雕艺术因其精妙的雕刻工艺和具象的形态艺术以及厚重的文化底蕴，展现着独特的审美价值，具有强盛的艺术生命力，亦被称为“国之瑰宝”。同时，也因其取材于腐木而表现出“变腐朽为神奇”的生态发展效应，使根雕艺术更有着无穷的生命。

浙江开化根雕艺术早已名闻遐迩。近年来发展状况如何？未来前景怎样？省市县各级政府及社会各界能帮助做些什么？带着这些问题，我们走访了开化县有关部门，调研了开化根雕艺术园区的发展状况。我们深为根雕艺术园区的发展规模、气势和未来良好前景而鼓舞，认为加快建好开化根雕艺术园区，对高质量推进全省大花园建设和文化旅游产业发展，聚力打造“诗画浙江”“文化浙江”，有着独特的重要意义。

为此，我们就如何加快把开化根雕艺术园打造成我省大花园建设和文旅产业发展的金名片，提出了一些政策和工作建议。

一、开化根雕艺术园的发展现状及优势

开化根雕历史源远流长，可追溯到唐武德四年（621）。但真正将开化根雕发扬光大，并使之成为浙江“第四雕”的，则是徐氏根雕传人、中国工艺美术协会根雕专业委员会主任、首批浙江工匠、浙江省传统工艺领军人物徐谷青先生。

1991年，徐谷青创办了开化根雕厂。他博采众长，推陈出新，不断拓展根艺题材品种和发展空间。目前开化已形成了以徐氏根艺为主的根雕艺术创作群体。1997年徐谷青先生注册了“醉根”商标，

2001 年开化县被中国经济林协会授予“中国根雕艺术之乡”。

在开化县委、县政府大力支持下，开化根雕艺术事业和根艺园区有了较大发展，如今已是国内规模最大、品种最多，影响力最强的根雕基地，并初步形成了独特的优势，走出了根艺与旅游互为促进的发展道路。其主要特点有：

（一）致力于与中国传统文化相映生辉

根雕是一种艺术形式和载体，其灵魂是反映什么思想、承载什么文化。精湛的根雕艺术与积极的文化内容有机结合，才是根雕业健康发展的康庄大道。

20 年来，开化根雕艺术园区实施了三期较大规模的景观开发。

2007 年，一期景观正式开园。园内有佛门祥光、云湖禅心、古木同春、青梅园、十二生肖文化长廊等景点。一期景观的艺术主题带有综合多元的特点。

2010 年，二期景观开园。主要景点有佛教文化根雕艺术博物馆，如大雄宝殿、五百罗汉根雕、醉根宝塔、醉根山房等。二期景观艺术主题突出了佛教文化，故以“根宫佛国”统称根雕艺术园。

2014 年启动了总投资近 30 亿的三期景观工程。主要景点有华夏文化根雕艺术博物馆、中国根雕博物馆等，已先后投资 9.7 亿元人民币。目前，华夏文化根雕艺术博物馆、童趣园、工匠文化园等景观即将建成开放。第三期景观艺术的最大特点，是以中华传统文化为核心，以“根艺”载中华“文道”，通过根雕艺术穿越古今，展示丰富深厚的中华文明，传播中华文化的正能量。

预计三期主体景观将于2018年底左右陆续建成并正式对外开放。

（二）致力于企业市场化运作与政府服务管理的结合

开化根雕艺术园区的正式名称，是“开化根宫佛国文化旅游区”。目前主要有一个开发经营主体即衢州醉根艺品有限公司，政府管理机构则是开化根宫佛国文化旅游区管委会（同时还加挂了根缘小镇管委会和钱江源省级旅游度假区管委会的牌子）。

衢州醉根艺品有限公司是一个公私混合型的股份制公司，由创始人徐谷青和开化县国资委下属文化旅游发展有限公司共同持有股份，比分别为70%和30%左右。现有员工800余名，专业技术人员200余名，下辖有衢州醉根酒店有限公司、开化根博园旅行社有限公司等十来个全资子公司。1997年注册的“醉根”品牌，是中国根艺第一个品牌，现已打造成了浙江省传统民间工艺保护名品、浙江省非物质文化遗产、浙江省著名商标、浙江省知名商号，浙江省名牌产品，中国驰名商标。该公司先后开发出根艺品类200余种，年生产各类根雕艺品20万件(套)，是目前国内规模最大的根雕艺术创作基地。

衢州醉根艺品有限公司负责整个根雕艺术园区的开发建设和经营，是园区市场化运行的主体。而开化根宫佛国文化旅游区管委会，则是县政府派出机构，主要行使政府的管理服务职能。

由于根雕艺术是该园区或者说是该文化旅游区的支柱特色，衢州醉根艺品有限公司是该园区主控性的开发经营主体，从而形成了企业主体、政府服务、市场主导、社会参与的经营管理体制，具有职权利明晰、经营管理高效的体制优势。

（三）致力于根雕艺术与文化旅游的融合

开化根雕艺术园区在致力于开发根雕业的同时，着力发展文化旅游产业，坚持“根艺文化＋旅游”的发展理念，使两者相融相生，相互促进。

园区早在2001年就开始探索走根艺与旅游业的融合发展之路。

首先，根雕艺术品在突出艺术品位的前提下，从主题内容、空间布局到品种开发、造型设计，都兼顾到了旅游市场的需要。

其次，开发建设项目的配套设施与旅游业接轨，符合旅游业标准。各类设施建设功能齐全，标识标牌、交通、卫生、餐饮、游客中心、购物中心等服务体系，布局合理，并与国际化标准对接。同时，还注重旅游区整体景观及人文内涵相协调，具有鲜明的旅游区个性化特色。开发建设的名家创作基地的慧根居，商务会务活动的醉根茶楼，钱江源特色餐饮的醉根坊，以及展销醉根艺品、醉根农产品、旅游工艺品的旅游购物中心，都突出了文化旅游功能。作为世界上唯一以根艺文化为主题的酒店——醉根山房，也于2015年正式开张营业。

再次，积极创建旅游品牌。2013年根宫佛国旅游区由国家AAAA级景区晋升为国家AAAAA级景区。

据统计，2017年整个园区（公司）营业总收入为0.8016亿元，2017年来园区参观旅游达90.06万人次。预计2018年可达到110万人次，旅游营业收入达到1.2亿元。

总的看，根艺文化与旅游业融合发展，方向是对路的，前景也是可观的。

（四）致力于国内外文化资源的整合

目前，衢州醉根艺品有限公司已发展成为一家集生产销售根雕艺品、休闲旅游、酒店餐饮、养老产业、房产开发、文化创意、园林古建、特色装潢、城雕创作、民间工艺美术研究于一体的综合型企业集团。它是国内根艺规模最大的一家特色文化企业，也是国家 AAAAA 级旅游景区，国家文化产业示范基地和国家生态文明教育基地。

开化根雕艺术园区（旅游区）积极开展各类文化活动，以扩大影响，增强国内外相关资源的整合能力。园区充分运用其独特的社会文化功能，不仅是中国雕塑院根雕创作实践基地，而且还建有中国诗歌创作基地、民间文艺家采风基地。多年来，先后举办了六届中国根雕艺术文化节、三届中国诗歌万里行采风活动、四届“醉根杯”中国根雕现场创作大赛、四届醉根诗会、“我有匠心”首届根缘小镇开化根雕邀请赛等全国性大型文化艺术活动，还成功举办了“一带一路”国际根艺文化交流周活动，初步建立了根雕文化交流、技艺创新的合作平台。

与此同时，开化根缘小镇成功申请建立了中国工艺美术协会根雕专业委员会，并永久落户开化，为根雕文化交流平台发展提供了专业性支撑。

（五）致力于创建“根缘”特色小镇

2015 年，按照省创建特色小镇有关要求，依托根雕产业基础，开化县规划建设根缘小镇，并成功入选省首批 37 家之一的特色小镇创建名单。经考核获市级排名第一，被评为市级考核优秀单位和示范小镇。

根缘小镇控制性详细规划获评 2015 年度全省优秀城乡规划项目三等奖，全省仅有两家特色小镇入选该奖项。2015 年度争取省用地指标保障 519 亩，2016 年获批省财政建设专项资金 1.2 亿元，获市级奖励资金 200 万元，2016 年获银行融资 4.5 亿元。

通过创建根缘特色小镇，一方面获得了省市相关政策的支持，另一方面又促使园区发展更有品位和规范，发展空间得到拓展，同时也带动了周边区域的协调发展。

（六）致力于打响根艺品牌

衢州醉根艺品有限公司注册的“醉根”品牌，是中国根艺第一个经营性品牌。经过培育，已打造成为浙江省传统民间工艺的保护名品、浙江省非物质文化遗产、浙江省著名商标、浙江省知名商号，浙江省名牌产品，中国驰名商标。

衢州醉根艺品有限公司先后开发出根艺品类 200 余种，年生产各类根雕艺品 20 万件 (套)，是目前国内规模最大的根雕艺术创作基地。

整个根雕艺术文化旅游园区占地面积 3.03 平方千米，目前已建成 1 平方千米左右，尚有较大发展空间。此外，开化根雕艺术园还实施“雕刻一件作品，种下三棵树”的做法，使根雕艺术深深扎根于可持续发展之中。

二、开化根雕艺术园发展前景初步设想

总体上讲，开化根雕艺术园区已成为国际国内规模最大的根雕艺术品的创作、营销、展示、交流中心，也是根艺人才、根材储备最为集聚的中心；开化根雕艺术驰名中外，初步打响了“世界根雕看中国，中国根雕看开化”的口碑；是目前国内和世界上唯一的一个以根雕文化为主题公园的旅游区。

可以说，开化根雕艺术园区已初步累积了在更高层次上谋求新发展的资源和优势，发展前景是广阔的。通过调研，我们认为，以第三期景观工程基本建成和投入使用为标志，开化根雕艺术园区（旅游区）已进入了一个新阶段：即主要由量的规模扩张向质的提升转变，今后应走整合资源的特色精品发展之路，未来可考虑重点打造“五个中心”。

（一）打造国内外根艺作品的市场交易中心

继续联手中国工艺美术协会根雕专业委员会等国内外有关组织，推动形成根雕作品的资质、价格评估体系和市场供需交易机制的创新，重点培育以衢州醉根艺品有限公司等一批市场交易主体，加大国内外招商力度，提供线上线下良好的市场交易平台，创造优质宽松、交易成本低的服务环境，下功夫把开化根雕艺术园办成国内外知名的根雕作品集散、展示、流转、交易的市场集聚地，形成国内国际高度认可的根雕作品的市场交易中心。

（二）打造国内外根艺作品的创作交流中心

以“一节一赛一周”（中国根雕艺术文化节、“醉根杯”中国根

雕现场创作大赛和“一带一路”国际根艺文化交流周）为主平台，采取更优惠政策，引导全球根艺创作人才汇聚开化。可考虑年年举办根雕艺术节会活动，一年重点办好中国根雕艺术文化节暨“醉根杯”中国根雕现场创作大赛活动，另一年则重点办好“一带一路”国际根艺作品展活动，从而集聚人气，提升影响力，同时也可同步开展交流展示和拍卖交易活动。通过举办一年一度的国际国内两大节会平台，逐步把开化根雕艺术园区打造成具有国际影响力的根艺创作、交流中心。

（三）打造国内外根艺文化的教育培训中心

根雕艺术文化的培训教育，既是培养人才的需要，也有助于拓展产业链，而且市场潜力很大。可聚焦“保护传统根雕工艺、传承根雕文化、创新根雕技艺”三大主题，以普及根雕艺术文化和培养初中级根艺人才为特色，借助于中国工艺美术协会根雕专业委员会等社会团体、中国美术学院等高等院校以及开化本土根雕大师等人才力量，建立根雕工艺学校，培养多元化根雕人才。待以中华传统文化为主题的第三期建成开放后，也可作为大、中、小学的爱国主义、中华传统文化的教育基地。通过多种形式，努力打造具有影响力的根艺教育培训中心。

（四）打造国内外根艺的研发创新中心

虽说根雕属传统性工艺，但它的生命张力同样离不开创新，而且需要不断总结提高，使经验性的工艺上升为工艺艺术理论。开化根雕艺术要加强研发和创新，力争占据国内外根雕艺术的前沿，引领根雕行业创新发展。为此，可考虑与中国美院等省内外大专院校合作，专设根雕艺术研究院，开设根雕艺术研究专业，培养根雕艺术硕、博研究生；鼓励徐谷青等艺术名家著书立说，招收硕、博研究生；办好专业刊物；定期或不定期举办学术研讨会；引进杰出的根艺人才和专业团队等途经，积极创造条件，努力形成具有重要影响力的根艺研发创新中心。

（五）打造国内外以根艺为特色的文化旅游中心

开化根雕艺术的重要特色和优势，就是把根雕艺术与文化旅游相结合，着力做好“根雕艺术＋文化旅游”的文章，这也是未来提升市场化和产业化水平的基本方向。为此，要继续聚焦根雕工艺和旅游这两大核心元素，打造国家级工艺文化旅游中心。同时，还可尽力联动开发利用生态旅游等资源，形成县域市域省域相通相连的旅游网络，为我省大花园建设和文旅产业发展打造一个富有特色的大亮点。

三、开化根雕艺术园现阶段的发展难题

开化根雕艺术园区要打造上述“五大中心”，虽有基础和优势，但仍需长期艰苦努力，而且目前还存在着诸多发展难题。

（一）发展目标定位有待进一步提升

开化根雕艺术园目前正处于由数量规模扩张向质量精品、由开发建设向产业经营、由创特色向创品牌的转型时期。因而对当前和未来发展目标需要更精确定位，经营模式需要调整创新，理念思路

也需要拓展完善，尤其需要明确新的发展战略目标和着力提高市场化运营水平。

（二）产业融资体系有待进一步扩宽

开化根雕艺术园要进一步做大做强，实现可持续发展，离不开资本市场的支撑。目前，开化根雕产业的融资市场尚不成熟，产品资质和价值评估体系尚未破题，市场供需尚不稳定。如何实现根艺作品的标准化资质认定和价值评估，将其静态资产转化为流动性资本，如何借助市场化、证券化模式将园区中大量的根雕艺术作品盘活以支撑未来良性发展，是当前开化根雕产业发展中面临的一个主要难题。

（三）产业链延展有待进一步深化

开化根雕产业坚持“文化＋旅游”的融合性发展模式，成功打造了根宫佛国文化旅游区，但其产业链条延展度还不够深入，缺乏创新性商业模式，游客和景区之间的黏合性还不够强。景区能否引进网红式旅游业态产品，将现代文化元素融入传统艺术型景区，以及如何在县域市域省域范围内的相关产业和旅游资源串珠成链，能否引进专业化运营管理团队等，这些都是需要深入谋划的经营性难题。

（四）产业政策扶持尚需进一步精准聚焦

在整个文化产业中，根雕艺术属于小众文化，因而在产业、政策扶持上局限性较大。在根艺人才的培养扶持方面，尤其是省级、国家级工艺美术大师及高级职称人才的评定方面，还需加大倾斜力度；在产业资金支持上，需要文化产业和旅游产业的双向支持；在景观建筑、仿古建筑和相应的安防等方面，目前还缺乏针对性强的行业标准的支持。

（五）景区知名度有待进一步提升

开化根雕在国内外根雕行业内享有较高的声誉。2001 年被授予“中国根雕艺术之乡”称号，2016 年中国工艺美术协会根雕专业委员会永久落户开化。但在整个文旅产业领域和社会知名度上，开化根雕艺术园作为重要旅游景点，其影响力有待进一步提升，宣传营销力度也需要加强。

四、加快开化根雕艺术园发展的若干建议

根据开化根雕艺术园区存在的发展难题和下一步打造“五大中心”的需要，我们认为，省、市、县各级政府部门应继续予以关心支持，并切实加大政策和工作力度，尽快把开化根雕艺术园打造成我省“大花园”建设和文旅产业发展的一个新亮点、一张金名片。为此，我们提出以下若干政策和工作建议，供有关职能部门参考。

（一）省、市、县联手专题研究谋划整体发展规划

建议将开化根雕艺术园区的发展上升为各级政府共同推动的层面上来谋划布局，进一步提升各级政府对开化根雕艺术园的重视程度，把它作为我省大花园建设和文旅产业发展的一个重要节点亮点。

建议由省发改委牵头、经信委、旅游局、文化厅等部门共同参与，组织开展一次联合调研和讨论，指导其提出更明确可行的发展目标和规划。

与此同时，考虑到第三期项目以中华文化为主题以及未来根艺园区发展的需要，原来基于二期项目主题而命名的“根宫佛国”（“开化根宫佛国文化旅游区”）已无法涵盖整个园区的内容，建议重新命名为“中国（或类似其他的）根雕艺术文化园（旅游区）”之类的名称，以提升规格和品位，为更广阔、更高层面上的发展创造条件。

（二）省、市、县联手出台专项政策

建议各级政府把根雕产业发展上升至文旅产业发展的重点模块加以支持，可考虑省经信委、财政厅、文化厅、旅游局以及相关的产业主管部门更有针对性地出台支持根雕产业发展的专项政策，在税收补贴、专项资金补助、建筑用地指标等方面给予支持。

（三）省、市、县联手加大对大师名师和根艺人才培育扶持力度

根雕艺术的生命在于根艺人才。开化根雕艺术的开创者和灵魂人物是徐谷青大师，就其根艺专业水准、作品业内外影响力和行业发展的贡献，以及评定资格条件等方面讲，他应具备了参评国家级工艺大师的良好条件，建议省有关部门重点支持徐谷青参与国家级工艺大师的资质评定。要进一步完善根雕艺术领域人才的引入机制，强化相关人才培养的扶持力度，建议相关部门出台根雕艺术领域专

项人才引进通道和人才培养计划。

（四）省、市、县联手加强对根艺品牌的宣传推介力度

鉴于开化根雕艺术园自身力量有限，为进一步提升其知名度和影响力，建议各级宣传文化主管部门牵头组织根雕艺术（包括项目、作品、人物、品牌、节会活动等）的宣传推介活动（可在一年一度的节会期间进行），强化对开化根雕艺术文化旅游区的宣传营销力度，支持开化县政府和中国工艺美术协会根雕专业委员会组织召开全国性的根雕艺术展览会。

（五）省、市、县联手帮助拓宽金融（资本）支持渠道

为拓宽根雕产业的融资渠道，搭建银企对接合作平台，建议相关政府主管部门帮助建立与金融机构之间的沟通协调机制，促进金融机构与开化根雕艺术园的广泛合作，加快开化根雕艺术园（公司）上市步伐，可考虑将开化根雕艺术园（公司）纳入“凤凰计划”培育范围，给予重点支持。

（六）政企与院校合作共建根艺教育培训平台

建议中国美院、中国工艺美术协会根雕专业委员会、开化根雕艺术园以及地方政府深度合作，建立根雕艺术教育培训学校，为开化根雕业和国内外根艺界提供持续的人才供给，同时也为相关美院提供良好的学习实践舞台。

总之，开化根雕业的崛起和发展，对我省传统工艺进步是有历史性意义的。目前，开化根雕业正面临转型升级、又一次迈向新的发展平台的关键时期，需要省市县共同指导和引领其健康发展，以形成合力，共同把开化根雕艺术园打造成我省大花园建设和文旅产业发展的又一张金名片。

调研组人员：

王永昌（浙江省委党校高端智库专家，浙江大学讲座教授，省人大常委会原副主任）

郑仓元（浙江省委党校原副校长、教授）

耿志云（浙江省经信委工业与信息化研究院研究人员）

2018 年 10 月 10 日

后记

在我们刚刚庆祝改革开放40周年后，又迎来了中华人民共和国诞生70周年的喜庆日子。习近平总书记指出："建立中国共产党、成立中华人民共和国、推进改革开放和中国特色社会主义事业，是五四运动以来我国发生的三大历史性事件，是近代以来实现中华民族伟大复兴的三大里程碑。"改革开放40年，春风化雨、春华秋实，极大改变了我们党、国家和人民的面貌！中华人民共和国成立70年来，我们迎来了中华民族从站起来、富起来到强起来的伟大飞跃！这是我们中华民族创造发展伟大奇迹的历史时期。

浙江作为中国革命红船的起航地、中国改革开放的先行地和习近平新时代中国特色社会主义思想的重要萌发地，毫无疑问在中华民族近代、当代发展史上具有特殊的重要意义。作为改革开放先行地的浙江，这40年来，更是创造了一个个改革开放的鲜活样本。生动的故事、精彩的奇迹，每天都在这块火热的土地上发生。对我们这代人来说，这40年是刻骨铭心、难以忘怀的。我们的青春年华、我们的成长进步、我们的工作生活，都与这个时代息息相关。我们见证了这个时代，我们也参与了这个时代的实践。我们为这个时代而自豪，为这个时代而歌唱。

近几年来，浙江的改革开放实践继续在创造着新的精彩传奇，我有幸到各地作些调查研究，每每看到基层创造的鲜活经验，就感奋不已，或在现场即席谈些体会，或作些理性思考后形成文字。值此浙江和我们伟大祖国决胜全面建成小康社会、开启全面建设社会主义现代化国家新征程之际，将这些文字成果汇集成《浙江：奇迹发生的地方》，应该是有些意义的。

本书的出版得到了叶国斌、洪晓等同志的关心和支持，责任编辑张炳剑、陶辰悦更是付出了大量劳动。陈允栋、施伟榴、吴江、胡旦、王智媛、程吉、李金国、李佳威等同志做了很多文稿整理工作，在此一并致谢！

王永昌

2019年2月18日于竺泉斋

图书在版编目（CIP）数据

浙江 ：奇迹发生的地方 / 王永昌著. —杭州 ：浙江人民出版社，2019.2

ISBN 978-7-213-09096-7

Ⅰ. ①浙… Ⅱ. ①王… Ⅲ. ①区域经济发展-概况-浙江 Ⅳ. ①F127.55

中国版本图书馆CIP数据核字(2018)第291982号

浙江：奇迹发生的地方

王永昌 著

出版发行：浙江人民出版社（杭州市体育场路347号 邮编 310006）
市场部电话：(0571)85061682 85176516
责任编辑：张炳剑 陶辰悦
责任校对：姚建国
责任印务：陈 峰
封面设计：仙境设计
电脑制版：杭州兴邦电子印务有限公司
印 刷：杭州丰源印刷有限公司
开 本：710毫米×1000毫米 1/16 印 张：15
字 数：164千字 插 页：2
版 次：2019年2月第1版 印 次：2019年2月第1次印刷
书 号：ISBN 978-7-213-09096-7
定 价：68.00元